人生浩荡黄河水

泼墨挥毫画春秋

# 锦绣人生

## 沈爱琴的故事

天涯◎著

浙江工商大学出版社
ZHEJIANG GONGSHANG UNIVERSITY PRESS

**图书在版编目(CIP)数据**

锦绣人生：沈爱琴的故事 / 天涯著. —杭州：浙江工商大学出版社，2017.7

ISBN 978-7-5178-2291-2

Ⅰ．①锦… Ⅱ．①天… Ⅲ．①沈爱琴—传记 Ⅳ．①K825.38

中国版本图书馆 CIP 数据核字(2017)第 154366 号

# 锦绣人生——沈爱琴的故事

天　涯著

| | |
|---|---|
| 出 品 人 | 鲍观明 |
| 图书策划 | 杭州万事利丝路文化创意有限公司 |
| 责任编辑 | 任晓燕 |
| 责任校对 | 王文舟　贺　然 |
| 封面设计 | 陈建波　林朦朦 |
| 责任印制 | 包建辉 |
| 出版发行 | 浙江工商大学出版社 |
| | (杭州市教工路 198 号　邮政编码 310012) |
| | (E-mail:zjgsupress@163.com) |
| | (网址:http://www.zjgsupress.com) |
| | 电话:0571 - 88904980,88831806(传真) |
| 排　　版 | 杭州朝曦图文设计有限公司 |
| 印　　刷 | 杭州杭新印务有限公司 |
| 开　　本 | 710mm×1000mm　1/16 |
| 印　　张 | 17.5 |
| 字　　数 | 189 千 |
| 版 印 次 | 2017 年 7 月第 1 版　2017 年 7 月第 1 次印刷 |
| 书　　号 | ISBN 978-7-5178-2291-2 |
| 定　　价 | 56.00 元 |

# | 目　录 |

## 引　子

# | 引 子 |

2016 年 12 月 31 日上午,杭州南山陵园。

冬日,阳光散淡。空气里,弥漫着薄薄的尚未消散的晨雾,似某种若隐若现的情绪。

这里虽说是陵园,但并无阴森恐怖之感,反而有一种说不出的宁静。目光扫过去,是一排排沉默的墓碑。于我,沉睡在这里的每一个灵魂都是陌生的。

今天我之所以会走进这里,是因为想去拜祭一位非常了不起的女性——万事利集团创始人沈爱琴女士。这是一位身上有诸多光环、功成名就的草根女企业家;一位爱丝绸、做丝绸,视丝绸为生命中不可分割部分的传奇人物。我没有机会在她生前与之谋面,却在她身后以这种方式走近,这也是一种缘分。

陪同我前往的年轻女士名叫刘海明,她 18 岁进万事利,20 岁开始被调到沈爱琴女士身边工作,一直到沈女士离开,整整 16 年,是沈女士的

"编外女儿",那感情虽不是母女却胜似母女。 还有一位同行者是沈爱琴画室负责打扫卫生的大姐,路上,她反复跟我念叨一句话,说这样好的老板再也找不到了。 她们都习惯称沈爱琴女士为"老板"。

我好奇地问她,老板怎么个好法? 大姐告诉我,老板菩萨心肠,在病重期间,还关心她们一家。 听说她儿子要买房子,首付钱不够,就让自己的先生借给她 30 万,还问她够不够。 她感叹,这世上怎么会有这么好的人,自己病得这么重,还想着别人。

是啊,这世上怎么会有这么好的人? 我在思索。

有人说,现在最难的就是借钱。 不要说非亲非故,就是朋友之间,有时候也因为一个"钱"字而产生矛盾。 而沈爱琴女士在自己备受疾病折磨的非常时期,仍把关注的目光投射在底层民众身上,这是一种怎样的悲悯?

慢慢往上走,见广场中央有墓,墓碑上书"吴越国文穆钱王墓"。海明把带来的一只花篮放在钱王墓前的石桌上,拜了拜,嘴上说:"请钱王多关照我们的老板。"

一脸的虔诚。

沈爱琴女士的墓,就在钱王墓后面的左侧。

"到了。"海明低声对我说。

抬头,我看到了她,大理石墓碑上是用激光微雕的一张黑白合影。虽然一位已在阴,一位仍在阳,但并不妨碍这对恩爱夫妻海枯石烂的誓言。

我站在那里,静静地注视着这位慈眉善目的老太太,她的笑容如此灿烂,即使我与她之间隔着无法逾越的冰冷距离,可我仍觉得她是温暖的。 不由自主地上前,像招呼一位熟悉的长辈,恭敬地招呼一声:"沈妈妈,您好!"

海明和那位清洁工大姐已开始清理祭台上的鲜花,把依然新鲜的花束留下,已萎谢的拿走。 太多重叠的花告诉我,冬至前后,曾经有很多人来这里看过她。 两个人在很认真地打扫、抹灰，不放过每个角落。

"我们老板最爱干净了。"海明找来一根细树枝，蹲下身去挑掉进石缝里的枯叶。 她说，要找个人来把这些缝隙填满，免得脏东西掉进去。海明的神情让我感动，那是人世间最朴素的一种情感表达，让我觉得人与人之间可以如此单纯与美好。

清扫干净后，我把带来的花篮小心地放在祭台上。 白菊代表诚实、高尚；扶郎花的花语是有毅力、不畏艰难；黄菊花诉说悼念之情。 花虽普通，但我觉得还比较符合沈妈妈的气质。

香蕉、橘子，各种干果，当然还有香烛，都一一摆上祭桌。 海明说，这些都是她们老板最爱吃的。 我强烈地感受到海明在做这些事时的满心喜悦——因为她一直觉得老板还在。 只要是老板的事，她都欢欢喜喜地去做。 这几个月来，如果谁在她面前提起老板，她的眼泪就会忍不住流下来。 整整16年的相伴，她的人生轨迹因此而改变，那份恩情此生怕是难以忘怀了。

燃烛、点香，我以后辈的身份，向一位为复兴中国丝绸产业而奔波操劳的前行者，献上自己最诚挚的敬意。

一缕阳光穿过树冠洒了下来，落在碑前的那块黑色大理石上，"沈爱琴，中国共产党优秀党员，第九届、第十届全国人大代表，全国劳动模范，全国优秀企业家，中国丝绸产业功勋企业家，万事利集团创始人"。

我的视线再次停留在她的脸上，那么的和蔼可亲，像个慈祥的奶奶，似乎与纵横商海的女强人画不上等号。 可一个又一个人告诉过我，她的创业，她的艰辛，她面对困难时无所畏惧的勇气，她独特的人格魅力，以及她那让人又爱又恨、又怕又敬的脾气。

在2016年那个盛夏的8月，当她因病离世的消息传开时，社会各界民众从四面八方自发前往杭州殡仪馆，只盼着能送她最后一程。 没有人说得清那天到底去了多少人，2000？ 还是3000？ 或者更多人。 只知道殡仪馆内外都是密密麻麻的人，围得水泄不通，外面的人根本无法挤进去，里面的人也很难挤出来，创下了此馆自开馆以来参加追悼人数最多的纪录。她的不幸病逝，惊动了社会各界，关注度之高，在企业家当中恐怕也是极少的。

她到底有着怎样的人生故事？为何每个人说起她，无论男女老少都会忍不住哽咽，甚至号啕大哭，泪流满面？我相信，这世上有一种人是带着大使命而来的，她走过的每一步，都注定了一生的不平凡。非常人做非常事，当她的身影烙在岁月的影壁上，时光带走一切时，留下的则是永远无法抹去的痕迹。

把手伸向虚空，盈盈一握，我已触摸到她掌心的温度。我相信，500年前，我们曾是一家人，所以此刻我才会站在这里，与另一个世界的她，轻声对话……

# 第一章
## 穿越时光隧道

沿时光之堤，追踪溯源
肩负使命的女子
踏晨露而来

桑园里，一棵棵桑树在积蓄萌芽的力量
大地，等一场浩荡春风
唤醒万物

你从田野走来
别样的铿锵玫瑰
注定要走不寻常的人生路

## 缘　起

杭州笕桥，在历史上很有知名度。南宋时期，这里是杭州蚕茧交易中心、丝绸生产中心之一；又是药材之乡，盛产的十八味中药，号称"笕十八"，是岁贡之品。同时，笕桥又是"杭州菜篮子"基地，有"东菜西渔，南柴北米""艮山门外弥望皆菜圃"之说。

自古以来，笕桥一直有很多养蚕高手，道路两旁，空闲之地皆种满了桑树。走街串巷，耳边传来最多的就是机杼声，故此地又称"茧桥"。一个"茧"字，点明了与蚕茧有着千丝万缕的联系。

"一张机，织梭光景去如飞，兰房夜永愁无寐。呕呕轧轧，织成春恨，留着待郎归。"这是哪家寂寞的巧妇？

"两张机，月明人静漏声稀，千丝万缕相萦系。织成一段，回文锦字，将去寄呈伊。"这又是哪位姑娘的心事？等织到"九张机"，怕天就要亮了吧！

在笕桥横塘村，有一户姓沈的大户人家，世代从事蚕桑丝绸生意，家有土地、桑园、缫丝、蚕房和织机。他家生产的蚕丝和丝

绸面料在清末民初,曾远销东洋。只可惜在经历了外患内忧的动荡岁月后,再加上树大招风,家里又遭土匪洗劫、战争等诸多因素的影响,沈家从富裕殷实之家,渐渐败落。

时间到了 1946 年岁末,离春节没几天,家家户户都在准备过年,沈家迎来了一个小生命的诞生。

婴儿的啼哭,是这世上最美的声音。暮气沉沉的沈宅大院因为这清脆、纯粹的哭声,变得明亮起来。

当她睁开眼睛,第一次打量这个陌生的世界,她不知道,对于自己的到来,长辈们是怎样的欣喜。她也不知道,等待自己的将会是一条什么样的人生路。

从此,沈家这位名叫沈爱琴的长房长女,在长辈们的宠爱中,一天天长大。她聪明伶俐,活泼可爱。虽是女孩子,胆子却很大,喜欢钻到一间又一间老房子里去玩捉迷藏的游戏。她爱动,像个"假小子"。可当她站在蚕房,看着一条条白生生的蚕摇头晃脑地吞噬着嫩绿的桑叶,又变得非常安静,眼睛里充满了新奇。

渐渐地,年幼的沈爱琴熟知了蚕宝宝的一生。当她的目光划过家人巧手织就的成品丝绸时,忍不住伸出胖乎乎的小手偷偷去摸,咧开嘴笑了。她还太小,形容不出那种感觉,她只知道她很喜欢,说不出来的喜欢。

这其实是一种命定的邀约。有关丝绸,有关这个世代以蚕桑丝绸为主业的家族传承。

新中国成立后,沈家由于没多少家产,再加上桑园及土地都是以自己耕种为主,没有剥削行为,土改时被划为上中农成分。

童年的沈爱琴根本不懂外面的世界发生了怎样翻天覆地的变化,她只发现家里突然变得热闹起来,形形色色的人走进老宅,他们或她们围在一起高谈阔论,或言辞激烈,或气氛沉闷。悄悄问母亲,母亲告诉她,那些是公家人,她们家由于宽敞,已成为村委活动的中心场所。母亲提醒调皮的女儿,公家人开会的时候,不要去打扰。母亲说这话的时候,一脸认真,甚至带着畏惧。只是小女孩太好奇,有时候忍不住要去"旁听"。听一会儿,听不懂这些大人在讲什么,她又跑出去玩自己的游戏。

时间一长,沈爱琴对那一幕也就见怪不怪了。不管是区、镇下来的干部,还是土改队员、贫协会员,不同身份的人在她眼里都一样。而在她家一住就是十天半个月的那些大学生和下派干部,她更是熟得像自家人一样,缠着问这问那,毫无胆怯之心。这些外来的年轻人都很喜欢这个可爱的小姑娘,喜欢摸摸她的头,捏捏她的小脸蛋。对她提出的问题,或认真或半开玩笑地给予回答。这些经历,让沈爱琴练成了一颗"豹子胆",不管面对谁,她都有想说什么就说什么的勇气。

沈爱琴很早熟,没上学之前,她就帮家里做些力所能及的家务活,小小年纪就显示出独立的一面。九岁那年,她背起了书包,走进了位于横塘村,由一座废弃的尼姑庵改建而成的学校。读初中的时候,恰逢国家经历"三年困难时期",家里供不起这么多孩子读书,作为长女的她被迫放下书包。

15虚岁,花骨朵般的年龄,她就跟着大人下地劳动去了。从早忙到晚,一天能挣二分半工。那时,全国人民的日子过得都很艰辛,而最苦的莫过于面朝黄土背朝天的农民。一年到头,辛辛苦苦,连肚子都填不饱。特别是农村妇女,既要像男人一样劳作,又要生儿育女,里外操心,年纪轻轻就被生活煎熬成一副老相。

虽然从小生活在农村,但沈爱琴的心气却很高,她不想重复

村里那些女人的命运,一辈子不是在灶间,就是在田头,累死累活只为了糊一张嘴,她想有个不一样的人生。在她稍懂人事开始,就从奶奶嘴里知道沈家四代曾把丝绸产业做得风生水起,而她是第五代传人。蚕宝宝那"沙沙沙"吃桑叶的声音,伴随着她的整个童年。那用茅草扎牢,堆得像房子那么高的蚕茧,需要用梯子爬上去才能摘到的场景一直在她眼前晃动。只是眼下,容不得她去做那些不切实际的梦。她想要的不一样人生,究竟该如何不一样,似乎还不是特别清晰。不过有一点她很清楚,就是脚踏实地做好每一件事。不但要做好,而且一定要做出色。因为只有你足够优秀,才能鹤立鸡群,脱颖而出。

机会,果然是给有心人准备的。

1961年,村里需要一名卫生员,小小年纪,做事稳重的沈爱琴成为最佳人选。经过一段时间的培训学习,16岁的她背起药箱,成为杭州市年龄最小的乡村卫生员(那时,还不叫赤脚医生)。虽说她医治的只能是一些头痛发热、擦损外伤等小病,还有就是给村里孩子打预防针或发放药丸,但在那个贫困落后、缺医少药的年代,像沈爱琴这种非专业的农村医疗人员,在方便村民看病上,还是起到了非常重要的作用。

沈爱琴身上有一种与生俱来的善,从为村民服务这件事情上可以窥知一二。当时的诊所就设在她家,今天这个咳得厉害的找她,明日那位上吐下泻的找她,时间不确定,有时候很晚都会有人来敲门。最让人难以忍受的是那些双脚溃烂的病人,散发出来的异味一般人根本受不了。沈爱琴却耐心又细致地清洗他们的伤口,上药、包扎,毫无怨言。之所以有这样的忍耐力,源于她的天性和责任感,她时刻牢记自己的身份,不嫌脏、不怕累。

要给孩子们打防疫针了，谁打过谁没打过，她记得清清楚楚。白天找不到人，那就晚上上门去服务。杭州要进行血吸虫病普查，需要收集全村每一个村民的粪便样本。这项工作说说容易，做起来太难。村民们有的怕麻烦，有的健忘，沈爱琴就手拿一本村民名册，一个个去催去盯去守，直到所有样本都收齐上交，才稍稍松了一口气。

沈爱琴的能力和对工作的热情，得到了越来越多人的认可，很快，村里让她兼任村团支部书记。18岁，又让她当村妇女主任。也许就是从那时候开始，沈爱琴养成了"爱管闲事"的习惯。农村最常见的婆媳姑嫂不和、夫妻吵架、邻里矛盾等，一个个小媳妇老大妈有事没事都喜欢来找她。这个连男朋友都没有的大姑娘，管起这些琐碎又烦人的事情，居然也得心应手。她的身上有一种超出实际年龄的成熟和处理事情的公正，让人惊讶与佩服。

一年后，满怀激情的沈爱琴加入了中国共产党。

"听党的话，跟党走"，这不是一句口号，在沈爱琴心里，是实实在在的行为准则。从她举起拳头在党旗下宣誓的那一刻起，直到离开这个世界，她从没有偏离过一名优秀共产党员前行的方向。

以身作则，事事争先的沈爱琴又被任命为村里的副大队长，分管共青团及妇女工作。她变得更加忙碌了，所有的精力都投入工作中，年轻有活力的她，很自然就成为人群中的佼佼者。

对于沈爱琴在那个时期的表现，原杭州市团市委书记陆苏记忆犹新。由于成绩突出，沈爱琴在荣获杭州市十佳团支部书记的同时，又被评为杭州市特级青年突击手。在杭州市委举办的表彰会上，还是她亲自为沈爱琴颁的奖。在陆苏的印象中，沈爱琴这

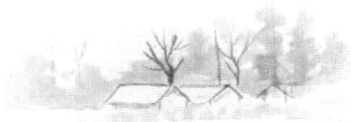

个农村青年积极分子,文化程度虽然不高,但特别能吃苦,为人很热心,做事踏实。沈爱琴不是叫她陆书记,而是叫她陆阿姨,两个人的友情一直保持到沈爱琴离开这个世界为止。

那时候,"文化大革命"还没有开始,一条看似光明的从政之路展现在沈爱琴面前。这是不是她想要的不一样人生?没有人知道这位年轻姑娘的心有多大,目标有多远。从村里到镇里到区里,越来越多的人知道笕桥有一位精力旺盛、不知疲倦、做事风风火火的铁姑娘,她的名字叫沈爱琴。

## 爱,一生的承诺

春天来了,大地渐渐柔软起来,一场春雨过后,各种不知名的野花野草都争先恐后地冒了出来,让田野充满了勃勃生机。

这是个适合恋爱的季节。

在农村,像沈爱琴这样正当妙龄,又出类拔萃的姑娘自然吸引了众多的追求者。托媒婆上门来提亲的有,偷偷塞纸条的有,千方百计想引起她关注的有,暗恋又不敢走近的有,说她想嫁城里人、嫁军官的有。面对这一切,沈爱琴并没有像一般女孩那样,被繁华迷了眼,她是理性和清醒的。她要找的终身伴侣,人品是第一位,必须能打动她的芳心,至于经济条件,她没考虑那么多。

那时候,老百姓日子过得很清苦,不过在精神上还是很充实,特别是年轻人,精力旺盛。大一点的村庄几乎都有毛泽东思想文艺宣传队,白天大家忙农活,晚上聚在一起排练节目,时不时还要去各地汇报演出。村里的宣传队是沈爱琴一手组织起来的,也是她最喜欢的团队。

在众多队员里,有一位叫屠志良的小伙子,一米八〇的个头,长得英俊潇洒,虽然性格内向,但为人诚恳,又多才多艺,吹拉弹唱样样精通,还做得一手好农活。对沈爱琴这个优秀的姑娘,屠志良内心是爱慕的,他理想中的爱人就是如她这般,吃苦耐劳、聪明能干,外面工作做得好,家里也管得牢。可他太羞涩,再加上家里兄弟姐妹多,负担实在太重,所以不敢开口去主动表白。在他眼里,沈爱琴就像一颗光彩夺目的星星,只能远观,不可亵玩。当时,村里也有其他几个姑娘喜欢他,有的长得很漂亮,有的家里条件也不错,可屠志良都没有看上眼,他很清楚自己心里有谁,只是没有勇气表白。

有一天,屠志良和沈爱琴一起去参加一个会议。也许是缘分到了,总之那一日,沈爱琴好像突然发现了他的存在,性格开朗的她忍不住开玩笑道:"嘿,志良,你怎么长这么高这么帅了?"原来,在沈爱琴的印象里,屠志良个子不高,又沉默寡言,所以平时也没怎么注意。

听到自己喜欢的姑娘这么说,屠志良的心不禁狂跳不已,一时不知该如何回答。

从那以后,两颗年轻的心悄悄走近了。

没想到,两个人的爱情遭到了沈爱琴母亲的反对。未来丈母娘反对的理由,只有一个字:穷。

屠志良家里究竟有多穷呢？住的是草棚,父亲体弱多病,无法参加正常的劳动。屠志良有三个已经出嫁的姐姐,还有两个妹妹、一个弟弟,年纪还很小。他田里劳动一年挣来的钱,只够到年底修修草棚,过个年就没有了。而沈爱琴是大户人家出身,住宽敞的瓦房,虽说家里也有几个弟弟,但女孩子就她一个,一直很受家里长辈们宠爱,相比之下,两家的经济条件还是比较悬殊。

做母亲的总是心疼女儿,觉得小伙子人是不错,不抽烟不喝酒,没什么不良嗜好,但家里实在太穷了。从草棚嫁进瓦房还情有可原,哪有从瓦房嫁到草棚的,这不是明摆着要去吃苦吗？更何况,女儿明明还有好多的选择,又何必在一棵树上吊着？

面对母亲的反对,从小就有主见的沈爱琴没有丝毫退缩,她坚信屠志良就是自己一直等待的那个人。她对母亲说,穷有什么可怕的？只要人好,勤勤恳恳肯做,还怕以后没有好日子过？母亲见拗不过女儿,只好说一句,以后吃苦头就不要后悔,就随她去了。

除了母亲外,身边很多人对沈爱琴选择屠志良也表示不理解,自身条件这么好,随便抓一把任挑任拣,居然会找这么穷的一户人家。面对这些闲言碎语,沈爱琴毫不在意,她相信自己的眼光,屠志良正直、善良、勤劳,又有能力,是个值得她托付终身的好男人。

经过这一插曲,两颗年轻的心贴得更近了。

1965年下半年,屠志良应征入伍去黑龙江。去部队之前,他和沈爱琴订了婚,并拜托她代为照顾他家里的父母和弟妹。沈爱琴一口答应,让他放心去部队,他的家人就是她的家人。

沈爱琴和屠志良虽是同一个村的,但之前她并没有去过屠家。当屠志良第一次带她上门,她才真切体会到什么是"家徒四壁"。看着一脸病容的屠志良父亲、苍老的母亲和三个年幼的弟妹,再看看这个一阵大风就要被刮倒的草棚。想到屠家主要劳动力就是屠志良和他母亲两个人,屠志良去当兵,就意味着要靠他母亲一个人撑起这个家,太难了。沈爱琴不禁心一酸,暗暗想着该怎么来帮这未来的夫婿家。

屠志良出发去部队的时间到了,乡里还专门为新兵们举行了欢送会。沈爱琴作为众家属的代表,上台做了《送夫参军》的发言。当众承诺,一定会更加努力工作,照顾好家里,让未婚夫在部队没有后顾之忧。

就这样,屠志良去了遥远的黑龙江,两个年轻人靠书信解相思之苦。

沈爱琴说到做到。虽未过门,她已把自己当成了屠家人,除了工作,她几乎把所有的业余时间都花在屠家。为了改善屠家的经济状况,沈爱琴买来了鸡苗鸭仔,还养了一头猪。屠志良的父亲病重,她就在病床前细心服侍。

1966 年 8 月,屠志良的父亲去世。得知消息的屠志良向部队领导请假,回家奔丧。见到忙前忙后的沈爱琴,听着母亲赞不绝口地表扬这个未来的儿媳妇,屠志良深情地对未婚妻说:"爱琴,辛苦你了。"

沈爱琴羞涩地说:"这是我应该做的。"

两个人约定,等屠志良退伍回来就结婚。

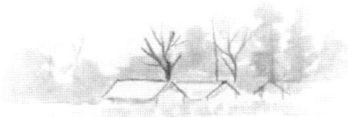

光阴似箭,转眼到了1969年元月,屠志良复员回到家乡。这个时候,他的未婚妻沈爱琴已是乡贫协副主席,相当于副乡长的职务,已是一名半脱产干部。屠志良回来不久,两个人决定结婚。

婚礼在屠家的草棚举行。

这一天,来了很多道贺的客人,有沈爱琴的领导,有亲朋好友,也有喜欢凑热闹的乡邻。当大家走进草棚,看到新房的布置,不禁对心灵手巧的新娘表示由衷的敬佩。

这新房是沈爱琴亲手布置的。

为了防止风透进来,她用编好的细麻秆把四壁给围了一圈,等于多了一道麻秆墙,又一层层地糊上牛皮纸、报纸,最外面是白纸。再在白纸上贴大红的囍字和风景画做装饰。木板床上铺着新床单和缎面喜被,放着一对绣着鸳鸯的枕头。这是她用自己工资置办的嫁妆。房间里,一张破旧的八仙桌被擦得干干净净,上面摆着两盆用来招待客人的糖果花生。

等客人散尽,夜已深了。

屠志良搂着妻子,言语里带着歉意说:"爱琴,我家太穷了,委屈你了。不过我相信,只要以后我们两个心往一处想,劲往一处使,同甘共苦,商量着做事,一定可以改变家里的贫困局面。不是有句老话说,没有穷人穷到底,也没有富人富到底,我们不缺胳膊不缺腿,只要勤劳努力,日子不可能不好。"

沈爱琴很赞同丈夫的说法,对未来的生活,她从没有失去过信心:"志良,我们会越来越好的。"

"对的,我们一定会越来越好。"

屋外,北风呼啸而过。屋内,春意浓浓。沈爱琴与屠志良从牵手那一刻起,就没有想过松开,无论发生什么事,经历哪些风雨,两个人此生不离不弃,在几十年的平淡婚姻中,书写了"爱,一生的承诺"。

## 小女子的男儿风范

以前在农村,我经常听年纪大的老人在说,"三岁看老"。意思是,一个人将来会不会有出息,就看他小时候的行为举止,这句话从沈爱琴身上得到很好的验证。

身为家中长女的沈爱琴,父母虽宠爱,但并不娇惯。而那群进进出出,把她家当办公场所的"公家人"的言行,对正处于学习、模仿能力最强年龄段的她,有潜移默化的作用。再加上她天资聪慧、悟性高,种种因素结合,使小小年纪的她,表现出超出实际年龄的成熟和稳重。这为她放下书包,进入社会历练,做了很好的铺垫。可以想象,在当时的笕桥,年轻的沈爱琴若算不上风云人物,也绝对是个知名度非常高,很有发展前途的优秀人才。

2017年元月的某一天,我走进已八十多岁高龄,笕桥人民公社第一位党委书记王阿浩家里,听他讲述他眼中的沈爱琴。借助

老人碎片式的回忆,我在拼一张图,一张在那个非常时期,这个思想单纯,对党又满怀激情的年轻女子是如何避开可怕的特殊时期的旋涡,独善其身的图。

王阿浩说,沈爱琴特别能吃苦,事事都起到模范带头作用,个人素质非常高,又爱学习,在年轻人中间很出色,他一直关注着她的成长。有一次,他带队去上海参观学习,就特意把沈爱琴带上,让她去大城市开开眼界,见见世面。去杭州开会,只要有机会,王阿浩就会安排沈爱琴同行,指点她去见识那些乡下见不到的东西,开阔视野。他还推荐沈爱琴参加杭州市主办的接待外宾的礼仪培训,让她参加对外接待工作,以提高她的组织协调能力。

1967年,"文化大革命"已拉开帷幕,"造反有理"成了响彻中华大地的一句响亮口号,无数的人被卷入其中。

刚开始,年轻的沈爱琴以为这是党的号召,很自然地参与进去。只不过她不是造反派,而是"保皇派"。对一直关心和爱护她的领导,她是无论如何都不相信他们会是"走资派"的。看到那些革命小将要批斗老干部,沈爱琴义无反顾地站在保护他们的行列里。

镇里、区里、市里各类造反组织越来越多,到处搞大串联,整个社会陷入疯狂之中。特别是像王阿浩这样自己熟悉的好领导也被关押起来,失去人身自由,沈爱琴对这场运动感到迷惑了。

正在这个关键时刻,沈爱琴很幸运地得到了村支部姚书记指点。姚书记是看着沈爱琴长大的,对她的为人很了解。由于沈爱琴是当地有名的劳模和先进分子,那些造反组织都想拉她加入自己的阵营,以扩大影响力。姚书记怕沈爱琴年轻,不小心站错了队,对她今后的人生会有影响,于是就私下找她交流,面对这错综复杂的局面,越来越严峻的形势,提醒她什么组织都不要去参加,一心一意做好自己的本职工作。

对姚书记的建议,沈爱琴也深以为然。她看到了那些热衷于运动的人,使出各种卑劣的手段大捞政治资本,不惜一切打倒别人,就为了自己往上爬。在这样的环境下,更需要有人坚守正义和良知。

"不整人,不坑人,更不害人",这是沈爱琴给自己定下的"三不"政策,更是她的信念和行动准则,也是她远离是非的法宝。

1968 年,沈爱琴受命筹办笕桥公社"五七"工厂。

办厂,得有厂房。没有现成的,沈爱琴就找空置的破旧平房,粉刷修补当厂房。没有钱买新设备,只能另想办法,找些国营大厂报废处理的旧设备,只要还能用,价格便宜,就一台一台买回来。至于生产什么产品,因地制宜。虽是小作坊,但当机器真正响起来,还是挺像模像样的。

在短短的一年时间里,笕桥公社相继办起了脱水蔬菜厂、农机修造厂、水泥预制厂、酱菜厂等几家"五七"工厂。所有工厂一旦投入运营,沈爱琴的筹建任务就算完成了。那些厂,由公社领导另派他人管理。与此同时,沈爱琴还帮一个村办起了砖瓦厂。

对办厂,沈爱琴其实没有任何经验,她也是边摸索边学习,虚心向别人请教,特别是国营厂的负责人。这一年接触下来,她对如何办厂,有怎样的流程,心里有了谱。而她的聪明才智也通过这些载体,进一步发挥出来,得到大家的认可。

自己辛辛苦苦筹建的几个小厂交了出去,沈爱琴并没有闲着,领导又给她分派了新的任务——去笕桥医院。

当时的笕桥医院处于一片混乱状态,造反派霸占着医院,整

天指手画脚,耀武扬威。医院院长被造反派关押,干部和知识分子备受打击,人人自危,医院工作基本瘫痪。而笕桥公社偏又是个对外开放单位,时不时会有外宾来这里参观,这医院若不整顿好,传出去影响可就大了。于是,笕桥镇革委会分别派工宣队、贫协组织进驻医院,以尽快恢复秩序和工作。但不管是工宣队还是贫协的人,一进医院就被造反派围攻,根本不让他们插手。公社领导经过讨论,决定派一个革委会领导小组到笕桥医院,让沈爱琴负责整顿和恢复医院的全面工作,代行院长之职。

沈爱琴接到组织的任务后,就迅速思考对策。这几年,残酷的现实,让她的思想不再幼稚,使她懂得了如何在复杂的政治环境里保护好自己。但同时,她身为党员,为组织分忧解难,也是义不容辞的事。在进入医院前,沈爱琴已对医院的情况进行了很详细的摸底,做到心中有数。

进驻笕桥医院,沈爱琴第一件事就是把关押中的原医院院长给解救出来,这下可把造反派给惹毛了,他们跑到沈爱琴的办公室大吵大闹,非要把院长揪回去。如果不交人,后果自负。

面对人高马大的造反派头头,沈爱琴毫无惧色,她严肃地说:"这是医院,医院是救死扶伤的地方,你们把院长关押起来,把医院搞成这样,老百姓生病了找谁看去?"

造反派头头指着她的鼻子骂道:"你算老几?多管闲事。"

沈爱琴冷冷一笑说:"这是我的工作。"

也许是迫于沈爱琴强大的气势,造反派头头嘴上骂骂咧咧,行动上却不敢硬来。沈爱琴又趁机把医院的其他干部和知识分子一个个解放出来,给大家吃了一颗定心丸。

医院里有两派,造反派和"保皇派",一直是针尖对麦芒,谁也不肯相让。沈爱琴把两派的头头请到办公室，动之以情，晓之以理，费尽口舌，软硬兼施，总算让他们各退一步，表示不再干预她的工作。

接下去，沈爱琴着手整顿医院的规章制度。很快，人心涣散的医院又重新回到了正常的轨道，医护人员面貌焕然一新。而沈爱琴做事不偏不倚、公平公正的态度赢得了医院全体医护人员一致的认同，他们对这个年轻的院长很是敬佩。

1970年，当沈爱琴从报上看到湖北省来凤县一个大队搞了村民合作医疗制度，敏感的她马上意识到这是个好办法，能从根本上解决农村缺医少药、农民看病难、看不起病的问题。

沈爱琴是个行动派，她想湖北省可以，我们浙江省一定也可以，只不过现在别人还没有意识到。为了让报告切实可行，沈爱琴进行了周密的调研，针对浙江省实际情况，提出了第一个农村合作医疗方案。

此方案报上去后，得到了领导的高度重视，经批准，笕桥横塘村成为省内第一个农村合作医疗试点。

很多关心沈爱琴的人为她捏了一把汗，毕竟这农村合作医疗制度在当时是个新鲜事物，万一试点失败，搞不好就要被冠以各种罪名。但沈爱琴坚持认为，只要是有利于百姓的事，她不怕担风险。

结果，此制度一炮打响。

深受鼓舞的沈爱琴在领导的支持下，积极推进和组织，将农村合作医疗制度迅速在笕桥镇全面推广，取得了很好的成效。

沈爱琴去笕桥医院，原本就是组织临时点将。没想到她在短短几年时间里，不但让一家已经瘫痪的医院起死为生，还做了不

少其他的事。比如加强农村基层医生的培训工作,为农村基层培养了 50 多名赤脚医生,方便农民看病求医。

当医院一切都回归正常,沈爱琴这个"救火兵"的使命又完成了。1973 年,她被公社领导从医院调回"五七"工厂办公室,又有新的任务在等着她了。

第二章
丝路寻梦

梦想，在遥远的彼岸
幽深峡谷，隐藏
荆棘丛生的路

陷阱被伪装
风雨在前方莫测

曲折山道，你跋涉的身影
穿过岁月烟云
挥洒艰辛与豪情

## 唤醒那颗丝绸的种子

时间在滴滴答答中又走过一个春秋,1975 年,笕桥公社决定筹建杭州笕桥公社绸厂,沈爱琴当仁不让地成为公社书记陈太炎指定的筹建人。

丝绸,是埋在沈爱琴心底的一个梦想,一粒种子。她从没有忘记过宽敞的老屋里摆满的一匾匾蚕箩,一条条可爱的蚕宝宝,一只只或洁白或淡黄的蚕茧,还有伴随她整个童年的织机声。她没有忘记手指滑过丝绸时,那种心灵悸动的感觉。特别是在这个"灰、黑、蓝"成为主调色彩的年代,丝绸的斑斓与华贵无疑令人神往不已。在沈爱琴的认识里,丝绸代表的是美,是优雅,是对美好生活的热爱。现在她负责筹建绸厂,心情很是激动,她幻想着若干年后,笕桥又重现历史上"茧桥"的盛况。

有了之前那几个小厂的筹建经验,沈爱琴对办这个绸厂心里还是很有底气的。不过,虽有把握,但也不敢草率行事。当时的杭州有不少丝绸企业,如杭丝联、杭州丝绸厂、杭州第一织布厂

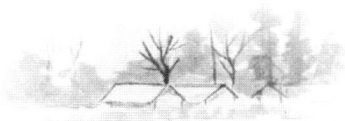

等,沈爱琴就一一登门求教。除了本地企业,她又通过各种关系,先后去上海、无锡、常州等地的国有大中型丝绸企业学习取经。

那段时间,沈爱琴脚不落地,四处奔波,家倒成了客栈。

经过一番选择,笕桥公社弄口新村礼堂旁几间低矮破败的平房成为绸厂的厂房。接下去就是采购机器。当时,这机器也不是你有钱就能买到的,需要有计划指标,而资金方面又极其有限,只能用老办法,买二手货。最好是价格便宜,机器质量又不错的。沈爱琴就四处托人打探,相关企业有没有淘汰的合适机器。

终于有一天,沈爱琴得知杭州第一织布厂正在翻建办公大楼,缺钢筋混凝土预制板,而她恰好有此资源,于是就找厂长商谈。提出钢筋混凝土预制板由她来提供,用以置换他们厂淘汰下来的17台铁木织机。这样一来一回,杭州第一织布厂解决了钢筋混凝土预制板紧张的问题,而沈爱琴则获得了绸厂所需的机器,各取所需,一举两得。

"这个不太好吧,万一说我们违规操作,责任负不起。再说,这些织绸机修一修,还是可以用的,这个价太便宜了,我们要考虑考虑。"杭州第一织布厂的领导心里有顾虑,推托道。

沈爱琴哪肯放弃这么好的机会,她诚恳地说:"预制板换织绸机,怎么会违规呢? 等价交换,公平合理,没有人会说。至于价格,这些机器很老了,你们不可能再去用,淘汰下来也是放在仓库里,时间久了当废铜烂铁处理,那就根本卖不到这个价。我们乡镇企业不容易,没有钱,你就当支持我们的工作。"

对方借口要集体讨论,不松口。沈爱琴没有气馁,一次不行,两次,两次不行,三次。经过一次次上门,动之以情,晓之以理地游说,最终把对方说服,同意这笔交易。

说实话,这 17 台铁木织机非常原始,像年老色衰的妇人,掉光了牙。可在沈爱琴眼里,只要能织出丝绸,就是宝贝。

厂房有了,机器有了,师傅请来了,笕桥绸厂终于响起了"咯吱""咯吱"的机器声。全厂 22 名工人,全是刚放下锄头的农民。

看着又一家工厂在自己手中诞生,沈爱琴像个孩子一样开心地笑了。第一任厂长是由公社任命的,沈爱琴则继续回到原来的工作岗位上,但她的心牵挂着绸厂,盼望着工厂能红红火火、长久地办下去。

随着沈爱琴的知名度日益提高,机会也多了起来。

那一年,杭州市将杭州市区的 15 个人民公社统一成立郊区,区委会设在西湖岳庙旁。经过严格的考察和层层筛选,组织准备任命沈爱琴为新成立的杭州市郊区区委常委,正式进入国家干部系列编制。

一条光明的仕途出现在沈爱琴面前,这可是金饭碗啊,多少人梦寐以求的好机会。更何况她还这么年轻,前途无量。

正当所有人以为沈爱琴就要春风得意地去上任,她却做出一个让人出乎意料的选择——放弃。而这之前,她已经数次放弃了作为工农兵学员保送上大学的机会。

沈爱琴之所以放弃这个千载难逢的好机会,主要是考虑到家庭。当时城市的规划格局不是现在这个样子,杭州周围 15 个人民公社环绕整个市区,相互间距离非常远,交通极不方便。干部是在全区范围内调配,如果到职,工作地点与家有很长一段距离。那时候沈爱琴的两个女儿都还年幼,丈夫屠志良在杭州第一汽车运输公司上班,路很远,每天早出晚归,非常忙碌,根本没有时间管家里。倘若沈爱琴去当这个郊区区委常委,就意味着她也没时

间照顾孩子和家庭。夫妻俩总得有一个人做出牺牲。

夜深了，沈爱琴和屠志良还在灯下商量到底要不要这个机会。

屠志良说："爱琴，我实在没空，你看我三天两头还要跑长途，哪有时间管家里这摊事？"

丈夫不说，沈爱琴也明白，作为优秀共产党员和先进工作者的他，平时连节假日都经常顶替外地的同事值班。你让他分出精力来管家里，太难了。

"我还是不去了吧，两个孩子这么小，家里事情又多，总不能都丢给妈，得有个管事的人。"沉默了半天，沈爱琴抬起头对丈夫说。这些年，她工作忙，家里全靠婆婆在操心。

"委屈你了。"屠志良深知妻子的抱负，让她放弃这么好的机会，想想确实可惜，可现实困难摆在那里，也没有办法。

这个选择对事业心很强的沈爱琴来说，其实是很痛苦的。她从来都不甘落后于人，梦想着有所作为，现在有这么好的平台，错过就意味着以后在仕途上不太可能再有很大的发展空间。可她没有忘记自己另外的身份，那就是妻子和母亲。既然鱼和熊掌不能兼得，那就舍弃吧！比起官位，她更看重家庭。

沈爱琴写了一封长长的书面报告，向组织说明现实的困难，并推荐其他同志担任此职务。

公社党委书记陈太炎认真地看了沈爱琴的报告，他很理解她的难处和内心的纠结，于是就找她谈话。

"爱琴，你也不要多想，我们公社 10 名班子成员里，你是最有魄力、能力最强的一个。公社需要方方面面的人才，你就安安心心在这里发挥你的作用，多为社办企业做贡献。"

"你放心,陈书记,我不会受影响的。"沈爱琴语气坚定地回答。

窗外,春风又一次绿了堤岸,沈爱琴似乎看到了社办企业的春天。

沈爱琴期待的社办企业的春天没有来,倒春寒却来了。她一手筹办起来的笕桥绸厂由于管理不善,濒临倒闭,那位厂长向公社领导交了辞职报告,称干不下去了。沈爱琴一听急了,连忙赶去,劝厂长慎重考虑,办一个厂不容易。

"不是我故意撂担子,实在是不好干,你想想,我们这个厂又不在国家计划内,生产原料买不到,就算削尖脑袋去哪里搞一点,机器一开就没有了。再加上这批工人没有技术,机器又三天两头出故障,真正是烦也烦死了。"厂长一见沈爱琴,满腹牢骚。

"有困难,大家来想办法解决,这些机器老是老了点,请师傅来修修还是可以用的。毕竟,办一个绸厂也不容易。"沈爱琴劝说道。

"这样的工厂,神仙也办不好。"厂长摇摇头说。

"神仙做不了的事,我们也得做啊!"沈爱琴急了,她真不想绸厂就此倒闭关门。

"反正我没那本事,你就请神仙来做好了。"厂长是铁了心不想干了。

厂长叹的苦经是实情。

计划经济年代,像生产丝绸的原料蚕丝这类商品,一律由国家统一收购,按计划调拨到各个国有丝绸企业。丝绸产品生产出来后,国家再统一收购回去,然后进行调拨销售。每个流转环节,都是严格把控,绝不允许自主流通。

作为社办企业的笕桥绸厂,好比是私生子,没有户口,什么都不在计划内。原料没地方买,即使能私下买到蚕丝,质量也不好。产品生产出来多有瑕疵,也没有哪家商场敢接收去销售。再加上这老旧的机器,这一切犹如破车陷入泥潭,举步维艰。

听着厂长絮絮叨叨的抱怨与诉说,沈爱琴沉默了。她一个人来到车间,推开了那道紧闭的大门。车间里静悄悄的,没有原料,停工好几天了。目光扫过一台台自己亲手买回来的铁木织机,再看看这破旧漏风的厂房,昨夜刚下过雨,地面还是湿的,有的地方还有积水。看着眼前的一切,沈爱琴的眼眶湿润了。她又想起自己的梦想,想起筹建绸厂的日日夜夜,想起为了这些机器一次次去杭州第一织布厂的情景,想起绸厂第一天开工时内心的喜悦,想起 22 位农民兄弟成为工人时脸上的欣喜。

"绸厂不能倒闭。"她暗暗对自己说。在她眼里,绸厂不只是单纯的一个社办企业,而是农村改善贫困面貌的一条出路,是希望,不能轻易说关掉就关掉。

还没等沈爱琴想出救活绸厂的方案,公社领导来找她了,问她愿不愿意接手这个烂摊子。怕沈爱琴有顾虑,又说:"困难确实大,你先试试,实在不行就关掉,只是要把善后工作做好。"

"我既然接手了,不管有多难,就一定要把绸厂办下去。"沈爱琴毫不犹豫地一口答应。

原以为沈爱琴会考虑几天,毕竟不久前她刚推掉担任郊区区委常委之职,现在让她去接手这么一个陷入困境、半死不活的企业,而且谁都知道这是件出力不讨好的事,没想到她竟然这么爽快就接了这个任务。

这不是沈爱琴心血来潮之举。

当她站在绸厂寂静的车间,面对一台台铁木织机,她在潜意识里已做出了决定。

命中注定,她的人生要与丝绸紧密联系在一起,这是上苍赋予她的历史使命,一颗深埋多年的种子被一阵风雨给唤醒了。

只是她要面对的是一个残酷的现实,当时的笕桥绸厂固定资产只有 3.8 万元,贷款 8 万元,欠债 11 万元,22 位没有技术的农民工人,17 台破旧的机器。没有原料来源,也没有销售渠道,是一个完全处于自生自灭状态的"私生子"。

退缩,不是沈爱琴的风格。有挑战,方显英雄本色。沈爱琴虽是一介小女子,但胸中却藏有万丈豪情。只要能圆儿时的那个丝绸梦,再艰辛的路,她也要坚定地走下去。

1976 年 5 月,沈爱琴正式接手笕桥绸厂,担任厂长。在众人怀疑的目光里,开启了新的征程。

**最早的全民营销**

20 世纪 70 年代,乡镇企业刚刚兴起,由于国情与体制的原因,这位新生儿自诞生之日起,就属于无依无靠的"黑户",一切都要靠自己。而市场仍处于禁锢状态,"黑户"若想活下去,只能剑走偏锋,通过其他渠道寻找生存之道。

沈爱琴接手后,立马进入角色。她考虑首先要解决原料问题,上哪里去买。没有原料,一切都是空谈。

沈爱琴的脑子像机器一样在快速运转,蚕茧是国家统购统销物资,像笕桥绸厂这种由公社创办的乡镇企业,不会列入国家计划,就不可能得到国家调拨的生丝。原料市场上买不到,只有找那些国营绸厂了。

对,找他们去,毕竟还有些交情,相信他们多少会给点面子,分点蚕丝给她。沈爱琴满怀希望,兴冲冲地去了。

谁知道那些厂家的领导,一听沈爱琴提出想请他们匀点蚕丝出来给笕桥绸厂,都很婉转地拒绝,说这个忙没法帮,他们的蚕丝都是根据生产计划从上面调拨而来,不可能分一点给别的厂家,生产计划完不成,这个责任谁也担不起。

当又一家厂的厂长对沈爱琴客气地摇头,说不可能时,沈爱琴的心沉到了谷底,一条看起来最有希望的路给堵住了。

怎么办?没有蚕丝,你有再多的雄心壮志也没有用,沈爱琴苦笑着告辞。经过厂区时,她突然发现墙角堆满了生丝,一位工人正把一筐生丝往上面倒。

"师傅,你们怎么把生丝堆放在露天啊?"沈爱琴好奇地问。

工人师傅抬起头看了沈爱琴一眼说:"这些都是没有用的下脚料,过会儿有人会来拉走的。"

沈爱琴赶紧抓起一把看,凭她的经验,这些下脚料好好整整,还是可以派上用场的。她连忙转身去找厂长,提出要买这些下脚料。厂长想想反正是当废品处理的,沈爱琴愿意买去,那就给她,也算是送了一个人情,就答应了。

这个发现,打开了沈爱琴的思路,她一边通知厂里人来拉这些下脚料,一边又重新一家家去跑那些大厂,把他们废弃的下脚料都买了回来。为了避免别的类似的小企业也来抢这难得的资源,沈爱琴一不做,二不休,快速与这些厂家签订了收购下脚料的协议,免去后顾之虑。

下脚料被拉回厂里后,沈爱琴就联系了一家由老年妇女组成的街道劳动社,出钱请她们用纺车把这些下脚料整理后纺成可以直接纺织的原料,供生产用。

沈爱琴没有看错,经过这么一番筛选、整理,这些下脚料改头换面成了生产原料,虽然没法跟一手的生丝比,但总比没有好。

接着,沈爱琴又开始着手整顿厂里混乱的管理和形同虚设的规章制度。

这批工人都是从生产队挑选出来的,在农村,自由、散漫惯了。规章制度贴在墙上,可谁都没有当回事。有的家里孩子没有人带,就带到厂里,一边上班一边照顾孩子。有的活干到一半,家里有事,拍拍屁股就回去了。有的不管车间里都是易燃品,想抽烟了照样抽。各种各样的问题堆积,使工厂不像工厂,工人也不像工人。

沈爱琴重新制定了详细的规章制度,召开全厂职工大会,神情严肃地进行了宣讲,重申以后必须要按制度办事,制度面前,人人平等。若有违规,根据程度和性质,进行不同的处罚。情节严重的,开除出厂。

新的规章制度推行后,刚开始,大家都觉得这只是个形式,但

几次犯规下来扣了工资,才觉得肉痛。那些遭处罚的工人跑到沈爱琴面前求情,诅咒发誓下次不再重犯,求她高抬贵手。沈爱琴坚持原则,她说一个工厂要有一个工厂的样子,不管你们以前是做什么的,进了笕桥绸厂,就要按厂里的制度办。规矩既然是我定下来的,就不能让它成为一张废纸。

在沈爱琴的严格管理下,笕桥绸厂全厂职工的精神面貌焕然一新,大家再也不敢像过去那样吊儿郎当了。

解决了管理混乱问题,第三道难题摆在沈爱琴面前,那就是技术关。

没有好的技术师傅,没有技术过硬的工人,怎么可能会有好的产品?沈爱琴很清醒地认识到,笕桥绸厂若想咸鱼翻身,必须要有质量过硬的产品。

上哪去挖人才?沈爱琴自然又想到了国营大厂,不过她也知道,那些在职的技术师傅她请不起,人家也不会来。只有请技术水平高、工作有责任心、人品好、身体比较健康的退休老师傅。

沈爱琴通过各种关系,收集了符合她要求的退休老师傅名单,然后一个个亲自上门拜访,诚恳邀约。上海、杭州、绍兴等地十余位富有经验的老师傅被沈爱琴发自内心的真诚和一腔办好绸厂的雄心感动,答应出山。

当时的笕桥绸厂条件比较差,厂房也很破旧,一碰到雨天,外面下大雨,里面跟着下小雨,她这位女厂长经常自己爬上去,这里添块瓦,那里拿块油毛毡遮一下。

为了迎接这些"厂宝",沈爱琴在办公用房里腾出几间最好的,粉刷一新,给老师傅们住,并安排好伙食。让师傅们一走进笕桥绸厂,就有一种温暖感。

由于工厂负债累累,资金困难,这些老师傅的工资一时恐难以发放。为此,沈爱琴提出了一个置换法。那时候一条丝绸被面的国家牌价是 16 元,市场上经常处于断货状态,无处购买。沈爱琴就跟师傅们商量,承诺将生产出来的被面以 8 元一条的价格卖给他们,每人每个月可以买 8 条,然后以国家牌价转给需要的人,中间差价作为月工资。对这些老师傅来说,这个待遇并不优厚,让他们留下来的最终原因,是沈爱琴的为人,她对绸厂全身心投入的热情深深感染了他们,让他们心甘情愿在这里发挥余热。

沈爱琴的目光是长远的。她明白,请来的师傅们早晚有一天都要回去,如果不培养自己的技术工人,结果还是那样。为此,她规定厂里所有职工都要拜师学艺,还举行了正式的收徒仪式,给这些老师傅极高的地位和尊重。她自己也不放过这么好的学习机会,几乎拜过每一位师傅,把纺织、保全、机修等整套生产流程的技术都学了一遍。

厂长带头学技术,下面的职工哪个敢偷懒?一个个暗中较劲,看谁学得认真。而老师傅们也确实很负责,细心指点,徒弟们更是虚心好学,苦练技术成风。一个看似毫不起眼的疵点就有可能造成四五米面料的浪费,为了提高质量,减少疵点,所有的挡车工下班后都自觉练接头技术,直到练出一手绝活,整个工厂上下学习的氛围非常浓。

沈爱琴更是把所有精力都放在工厂上,早出晚归。有时候很晚了,她还会从家里过来到车间转转。最喜欢站在机器旁,看着织机一上一下,来来回回地穿梭,心里特别高兴。

就这样,在经验丰富的老师傅指导下,笕桥绸厂以下脚料作为原料,生产出了让人出乎意料的合格丝绸被面。

此消息在行业内传开后,所有人都感到很惊讶,特别是卖下脚料给沈爱琴的那些国营大厂,觉得这太不可思议了。沈爱琴到底有何秘密武器,能生产出这样的产品? 他们不知道,沈爱琴请来的老师傅们退休前都是各个国营大厂的技术骨干,组合起来,那是一支多么强大的技术队伍。若非要说有秘密武器,这就是。

当第一条"龙凤呈祥"的真丝被面徐徐展开,沈爱琴无比激动。你看,那深沉的蓝底上,灵动的凤,飞舞的龙,富贵的牡丹,呈现出一片祥和。凤的羽毛,龙的鳞片,牡丹的花瓣,皆栩栩如生,令人爱不释手。她伸出手,轻轻抚过被面,记忆中的滑顺与柔软从她的指尖传递到心里,从未有过的幸福与满足充盈她的胸腔。

梦,展开了飞翔的翅膀。

用下脚料织出漂亮真丝被面的沈爱琴,坚信自己的选择没有错,未来不管有多艰难,她都会勇敢地走下去。

沈爱琴自上任以来,已连闯了原料关、管理关、技术关,第四关就是销售关。产品生产出来了,质量也完全符合国家标准,可由于没有列入国家计划,生产的产品就不能进入国家销售渠道,否则就是扰乱市场,投机倒把,那是要坐牢的。可若不能把产品变成钱,工厂又如何发展?

那时候没有营销一说,绸厂也没有专职跑供销的人,沈爱琴是事事都亲力亲为,她带着产品亲自去商场,找到负责人,介绍笕桥绸厂情况,把样品给对方看。

商场负责人接过样品,翻来覆去看了看,然后问:"你这产品质量还可以,有没有编入国家产品序列,还有,有没有计委下达的调拨指标?"

沈爱琴摇摇头说:"没有。"

"没有？那不行，我们没法帮你们销售。"负责人为难地说。

"帮帮忙，给我们代销一下，也没什么成本，我们社办企业不容易，能不能给一个机会？"沈爱琴语气谦卑地说。

"对不住啊，不是我不帮你们这个忙，实在没有办法。"商场负责人双手一摊，表示爱莫能助。

这家商场不行，那就换一家，沈爱琴背着一包样品，一家家去跑，几乎都以同样的理由被拒绝。

夜幕降临，沈爱琴拖着疲惫的身躯回到厂里。坐在简陋的办公室里，她在思索下一步该怎么办。从长远看，必须争取"上户"，这样才能正大光明销售。她要改变策略，先去跑国家计划部门才行。另外，既然国营商场进不了，那就去攻供销社，她就不信这么好的产品，请他们代销，赚现成钱还不愿意。还有，靠一个人的力量不行，要发动全厂职工，想尽一切办法把丝绸被面销出去。毕竟，厂里这么薄的底子，若产品积压太久，资金无法回笼，会直接影响运营。

对产品，沈爱琴非常自信，这丝绸被面不管是在城里还是农村，都是紧俏物资。男女青年结婚，家庭条件稍微好点的，在嫁妆里，必有丝绸被面。一边是买也买不到的紧俏物资，一边是无处销售的好产品，那么只有一个办法，就是通过一个"供销员"来完成卖和买。

思路理清后，沈爱琴的心就定了。她站起来，关上办公室的门，朝家里走去。

沈爱琴不知道，她发动全厂职工利用一切社会资源来卖被面，其实就是"全民营销"。

时间在一天天过去，沈爱琴带着产品跑到国家计划部门，逢

人就夸自己的产品质量好,恳求他们高抬贵手,将笕桥绸厂的丝绸产品编入计划。见这个美好的愿望一时半会还实现不了,她又找公社革委会。在革委会的直接指示下,笕桥供销社只好偷偷把笕桥绸厂的丝绸被面放到柜台里销售。

接着,沈爱琴每天骑着自行车,带着丝绸被面跑附近的一个个供销社。每到一个地方,她都说得口干舌燥,请对方帮忙代销。有的供销社接收,也有的不愿接收。沈爱琴干脆就直接在那集市上叫卖,没想到被赶集的人一抢而光。

沈爱琴意识到这是个好办法,她回到厂里,马上组织销售人员分配任务,分成几个小组,每一组负责一个区域的销售。每天大清早,大家带着工厂生产的真丝被面,去周边的集镇赶集,卖完再回厂上班。她自己也负责一组,每天带着两名职工往偏远一点的集镇赶。如果在集市上没有卖完,就到村里去叫卖,直到带去的货卖完才返回。

有意思的是,那些供销社,第一次勉为其难答应代销,谁知这价廉物美的真丝被面一上柜,深受农民喜欢,很快脱销。这下,他们就变得主动多了,而不愿代销的供销社也表示愿意销售笕桥绸厂的产品。

冬去春来,沈爱琴在不到一年的时间里,把她那辆崭新的女式凤凰牌自行车硬生生骑成了除了铃不响,其他都响的破车。没有人计算过,她到底骑行了多少路,只知道她跑遍了杭州市郊的农村,还到过余杭、富阳和萧山。风里来,雨里去,人也变得又黑又瘦。可为了能让工厂活下去,能让厂里的职工手中饭碗不打碎,她愿意。只是让她愧疚的是,自从她当了这个厂长,就再也没有时间照顾家里,也很少一家人坐在一起吃饭,家务活和孩子全交给了婆婆。幸好,婆婆和丈夫都非常支持她,这更坚定了沈爱琴要把绸厂办好的决心。

在销售丝绸被面的过程中,沈爱琴举一反三,想到了原材料蚕茧,既然产品可以在计划外销售,那么蚕茧也同样可以在计划外收购。虽然国家不允许,但事关这么多职工的生存问题,也顾不得那么多了。

经过沈爱琴和全厂职工的努力,笕桥绸厂不但还清了所有的欠款,竟然还有 6 万多元的结余盈利。工厂运营也像国营大厂一样,实行三班倒,厂区 24 小时机器不停,工人们的脸上个个充满了喜气。

一个奇迹就这样被沈爱琴给创造出来了。当初对她接手绸厂抱怀疑态度或旁观的人,都表示了由衷的敬佩。没想到她这个小女子竟能带着一批农民,在计划经济的狭缝里杀出一条血路来。

沈爱琴的名声再次大振。

面对纷至沓来的赞誉,沈爱琴非常清醒。她明白,这只是开始,笕桥绸厂的路还很远。但只要心中有梦,任何困难,她都无所畏惧。

## 木秀于林，风必摧之

沈爱琴是个有远见的人，绸厂有了一点钱，她就琢磨着购买新设备，扩大生产。有人怀疑，费了这么大的劲好不容易把厂里生产的被面都销了出去，再扩大生产，卖不掉怎么办？更何况原材料也是个大问题。对此，沈爱琴有自己的计划。她了解到，有些国有绸厂由于外贸出口的原因，经常会出现有订单却来不及生产的现象。假如有工厂愿意为他们代加工，产品经对方验收合格后，再支付加工费，这样甲方完成了订单任务，乙方赚到了加工费，可谓双赢。

这确实是个好主意，只不过外贸产品一向对质量要求特别高，一般工厂不敢接这个活，像笕桥绸厂这类小工厂，恐怕想都不敢想。可沈爱琴却敢，她的自信来源于对工厂技术力量的信任。工人们经过勤学苦练，技术已今非昔比，操作水平一点也不会比国营大厂低。而严格的规章制度，使得每道工序的质量都能得到保证。沈爱琴主动与那些国营绸厂联系，说了代加工的合作意向。对方就先给了她几个小单子，产品出来后，发现质量不错，就同意合作。

就这样，一条新的业务渠道被拓展出来。

经过一段时间的合作，沈爱琴发现一个很奇怪的现象，这些代加工的产品，在出厂检验时，明明是一等品，但到了那些委托工厂，三天两头被检验成二等品。而一等品与二等品的加工费是不一样的。沈爱琴开始还以为是自己厂里质检员的问题，还对其进行了严肃的批评。其中有一位年轻的质检员叫张祖琴，她就纳闷了，明明是一等品，怎么出了厂门，就老母鸡变鸭成二等品了？她当即与对方的检验人员沟通，没想到对方说话阴阳怪气，讽刺笕桥绸厂只不过是一家七拼八凑出来的社办企业，能给个二等品已经算客气了。

张祖琴把沟通结果向沈爱琴做了汇报。沈爱琴非常生气，虽说之前也听过不少瞧不起乡镇企业的话，但今天明明产品一等，却非要给个二等，实在是欺人太甚。她让厂里几位质检员严格参照国家质量标准，对每个批次的出厂产品都背靠背独立做出自己的检验结论。只要几位检验员的结论完全一致，再碰到委托方故意压低产品等级的情况，就理直气壮地与之争辩，要求一起复检。这一招，让委托方看清了笕桥绸厂的检验实力，从此再也不敢无故刁难。

随着生产的不断扩大，对笕桥绸厂而言，原有小作坊式的规模已无法适应快速发展的现状。由于厂区连个大门都没有，厂里被偷盗现象严重，搬迁重建迫在眉睫。

沈爱琴站在几间破旧的瓦房车间门口，沉思。

自从她接手笕桥绸厂那一天开始，她就梦想着有一天能造一

个正规的厂区,有围墙、有门卫、有干净坚硬的水泥地、有明亮宽敞的车间。车间里,是一台台崭新的织机,能织出这个世界上最漂亮的丝绸。要想建这样一个厂,必须另起炉灶。

造厂房,首先要解决的是土地问题。

作为杭州市蔬菜供应基地的笕桥公社,它的任务是要保证杭州市民的"菜篮子",所以不可能会闲置一块有较大面积的土地。更何况那时的农村仍处于"农业学大寨"阶段,没有人敢去打耕地的主意。

沈爱琴当然明白这个现实,但她认为,办法总归会有的。于是,骑个自行车到处转悠,看看哪里有被遗忘的角落。终于有一天,沈爱琴在机场路上找到一块荒芜的地。其实说是地,实在有些勉强。在这块抛荒的地上,有好几口烂泥塘,一片无主坟墓,地上满是瓦砾。既不能种庄稼,又没法种菜。可在沈爱琴眼里,简直就是"宝地",她想若能把这里都圈起来,把烂泥塘填平,再好好平整一番,就可以建一座很像样的工厂了。

沈爱琴马上给公社革委会打报告,要求把这片抛荒地批给笕桥绸厂建新厂房。公社革委会相关领导经过研究,同意把机场路上的瓦砾地批给笕桥绸厂。

拿到用土批文,沈爱琴仔细研究,发现划拨的只是一部分,最多建个车间、库房及办公用房就用完了,这跟她设想的工厂模样还有很大的差距。她又去找领导,提出把那块地边上的无主墓地和烂泥塘都给笕桥绸厂。

"不行啊,爱琴,公社给你批这点地,已经担着风险了,搞不好被扣上一顶'破坏农业学大寨'的帽子,那可是吃不了兜着走。"领导一脸为难地说。

"那些烂泥塘和无主墓地荒着也是荒着,给我们造厂房,把闲置的土地利用起来,也是为了更好地发展生产,利国利民。"沈爱琴继续争取。

领导摇摇头说:"那不行,万一有人拿这事上纲上线,麻烦可就大了。"

"正大光明的事,我们又不是为了一己私利,没什么可担心的。"沈爱琴还是不想放弃。

领导明白沈爱琴一心一意只想办好绸厂,也有心助她一臂之力,只是有所顾虑,于是沉吟道:"那这样吧,有些事你自己看着办,先不打报告,到时候有需要,再补办手续。"

沈爱琴大喜,连声道谢。

在建厂房之前,要先把这一片区整理出来。沈爱琴亲自带头,和职工们一起,组织人清理了无主的墓地和遍地瓦砾,挑来泥,进行平整。至于那几口烂泥塘,先圈起来,等工厂下一步发展时再派用场。

场面,热火朝天。

当时工厂实行三班倒,大家自己安排好时间,带着从家里拿来的扁担等工具前往机场路劳动,报酬是一分钱的刀切馒头,或两分钱的东西,可没有一个人计较这些,个个情绪高涨,都盼着能早日建成新厂区。厂里越兴旺,收入自然也就越高了。沈爱琴是个特别富有激情的人,她不但说话能感染人,行动更是如此。挑起土担来,一般瘦弱点男人还不如她跑得快。

三个月,沈爱琴带领职工仅仅用了三个月时间,就建造了6幢整齐宽敞的新厂房。她每天忙得像陀螺,一刻也不得清闲。为了不影响生产,沈爱琴采取了边建边搬迁的策略。等新车间全部

建成,机器也差不多全都搬过去了。接着,她又添置了提花机等新设备,产品由单一的低档平素织物变为提花中高档织物。

一道围墙把整个厂区与周边村庄隔离开来,宽敞明亮的生产车间、仓库、办公房、食堂,以及值班宿舍等都一一修建到位。最气派的是大门,门上"杭州笕桥绸厂"几个鎏金大字在阳光下闪闪发光。沈爱琴认为,门面特别重要,不管是工人,还是外面的人,第一眼看到的就是工厂的大门,这代表一种形象和信心。在弄口村,实在没有办法,现在有条件了,她当然要把这门面给"撑"起来。

笕桥绸厂搬到新厂址后,一切都正规起来,无论是厂区还是职工,面貌都焕然一新。再加上管理上台阶,技术有水平,业务有增量,后勤有保障,一时风生水起,令人瞩目。

所谓"木秀于林,风必摧之",这红红火火的绸厂引来了公社革委会某些嫉贤妒能的人眼红,他们要伸手来"摘桃子"了。理由是沈爱琴想搞资产阶级独立王国,把笕桥绸厂用这么高的围墙围起来,不准贫下中农的鸡鸭猪狗进入,分明是两条心。不是厂里的人进去,还要搞登记,有意制造社会矛盾。如果不把这道围墙拆了,那笕桥绸厂就不姓社,姓资了。

这类言论,在当时的政治环境里,具有非常大的杀伤力。"文革"虽已结束,但思想和做派仍然是老一套。乱扣各种帽子,动不动就上纲上线。

"爱琴,我听说革委会有人想整你,说你故意搞个围墙和贫下中农制造矛盾,你赶紧叫人把围墙开个缺口,免得被他们抓住把柄。"有好心人听闻此消息后,马上跑来提醒沈爱琴。

沈爱琴一听,并没有惊慌失措,她语气坚定地说:"笕桥绸厂的围墙不能拆,这里每一块砖每一片瓦都是我们辛辛苦苦肩挑背扛回来的,围墙里面是集体的财产,把集体的财产保护好,没有错,走哪里去说我都不怕。"

"你不知道那人心眼小得很,你还是不要跟他硬碰硬的好。"来人劝说道。

沈爱琴坚信自己没有错,不愿妥协。对方原本以为沈爱琴会去求他,会乖乖把围墙给拆了,结果发现没有,不由恼羞成怒。又心生一计,抓住笕桥绸厂圈进去的那几口烂泥塘和无主墓地没有办过审批手续这个漏洞,大做文章,连夜写了一份报告,给沈爱琴安上了非法侵占农田、破坏"农业学大寨"的罪名,要求抓捕她。

这个麻烦可大了。

报告送到专政机关,在 1977 年"文革"阴影依然浓重的政治氛围下,沈爱琴若坐实了这个罪名,是要被抓去坐牢的。幸好,当时公社革委会里有良知的负责同志清楚这是怎么回事,于是就去做几方的工作,最后以笕桥绸厂拆掉一半围墙和近一半厂房,才算了结此事。沈爱琴虽然心里极其不服,可胳膊扭不过大腿,为了绸厂的命运,她只能忍下这口气。

让沈爱琴没有想到的是,这件事并没有真正结束。

秋天,一场暴风雨呼啸而来,把正怀揣着热血,为工厂发展前途奔波的沈爱琴,浇了个透心寒。

沈爱琴清楚地记得那个秋雨绵绵的早晨,她像往常一样,早早就走出家门到厂里去。刚走进厂区,整个人都呆在了那里。只见目光所之处,皆是一张张大字报和标语。上夜班的工人们都站在那里,窃窃私语。

究竟怎么回事?沈爱琴一头雾水。再看大字报上的内容,各

种吓人的大帽子,她马上意识到这是冲着自己来的。她强按内心的愤怒,走进办公室。

门,敞开着。

一屋子的男人坐在那里,看到沈爱琴进来,一个男人站起来,咳了几声,粗着嗓门说:"沈爱琴,从现在开始,我们要对你进行隔离审查。"

"什么?隔离审查?凭什么?"沈爱琴胸中腾起了一股怒火,大声责问道。

那男人就装模作样地从公文包里掏出一张纸,对着沈爱琴宣读几大罪状:第一,说她破坏当前的"揭批查"运动;第二,究竟搞了什么小动作,把一个别人办不好的厂给搞好了。第三,有人举报她私设小金库,账目不清。第四条,打击和压制职工,工作作风简单粗暴。

沈爱琴的肺都要气炸了。

她理直气壮地反驳道:"我办厂是为了集体,为了这么多职工,怎么就变成破坏运动了?从来都没有听说过,把厂办好还有罪这种道理。什么私设小金库,账目不清?工厂一无技术,又无原材料和销售渠道,请人家来帮忙,难道连餐饭都不给人家吃?你们去搞搞清楚,我们招待客户的费用来源,是靠卖破纸板破布头这些废品一点点积存下来的,又没有额外增加工厂支出。还有哪个账目是不清楚的?说我打击、压制工人,真是可笑,国有国法,厂有厂规,难道什么也不管,任一些不自觉的人把集体东西拿回家去?"

"沈爱琴,你别强词夺理。你这种态度,罪加一等。"对方虚张声势地说。

"我一心一意为集体，哪来的罪？"沈爱琴已冷静下来，沉着应对。

"你说你没有罪，你看看，有这么多职工举报你，还说没有罪？"对方又掏出一封检举信在沈爱琴面前晃，上面有百分之九十的职工的签名。

沈爱琴的心急速地掉到了冰窟，她万万没有想到，昨天还当面亲热地叫她"沈厂长"的职工，背后却捅了她这么深一刀。她的脸色变得很难看，内心充满了悲愤。

调查组的人把沈爱琴单独关到一个房间里，不准她回家，也不准她见任何人，轮流审问她。

"沈爱琴，不要抱幻想了，只要你老老实实交代问题，承认自己在办厂过程中使用了资本主义手段，上级部门还是会考虑给你一条改过自新的路的。"

"没什么好交代的，我清清白白，光明磊落，没做过的事你们让我承认，那是不可能的。"

无论调查组的人怎么威逼恐吓，沈爱琴坚决不承认自己有错。无论对方抛出什么样的问题，她都一一给予回击。

从白天到晚上，整整六日过去了，调查组在沈爱琴身上一无所获。让他们暗自心惊的是，沈爱琴身上表现出来的那种越挫越勇的精神，以及完全不像一般女人可以承受的意志力，实在让他们大跌眼镜。

沈爱琴突然被隔离审查，这可急坏了家里人。那几日，屠志良刚好开车在外跑长途，等他回家，从母亲那里得知妻子的事，急得直跺脚，忙跑出去四处打听沈爱琴到底犯了什么错误。可没有一个人说得清楚，只是含糊其辞地说是政治问题，还有经济问题，

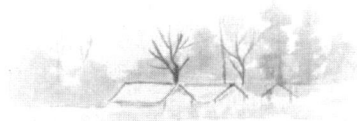

现在组织正在对她隔离审查。

屠志良太了解自己的妻子了,这么一个把身心全扑在厂里的人,怎么可能会犯政治和经济错误?一定是莫须有的罪名。他再也无法等待,趁着天黑,偷偷来到笕桥绸厂。

昔日机器隆隆的厂区此刻变得静悄悄的,围墙拆了一半,也没有人管,可以随便进去。屠志良拿出手电筒,照墙上贴着的大字报和标语,一张张仔细地看过去。等他把所有的内容看完,心情反而轻松了,那些全是捏造的罪名,人正不怕影子歪。

屠志良找到关押妻子的地方,义正词严地对看管的人说:"你们这样不顾事实,胡乱捏造罪名,是要遭天打雷劈的。别以为你们可以一手遮天,我是来接我老婆回家的,有本事,你们冲我来。"

那几个人看到屠志良强硬的态度都愣住了,再加上这么多天什么也没有查出来,自己都心虚理亏,就这样看着两个人离开了。

秋夜,已有凉意。

沈爱琴抬头看着漆黑的天空,她坚信,只要熬过这漫漫长夜,黎明就会到来。

## 彩虹总在风雨后

人生在世,总会遇到各种各样无法预知的风雨。对弱者来说,苦难真的是一杯苦水,而对强者而言,挫折却是化了妆的祝福。无疑,沈爱琴就属于后者。

由于沈爱琴光明磊落,对她的审查没有任何结论,最后也就不了了之,但她的厂长之位还是被别有用心的人给夺了去。

笕桥公社领导也知这样对沈爱琴很不公平,只是迫于某些因素,不能太公开帮她。他们想给她换一家单位,于是找沈爱琴谈话,就她的下一步工作安排征求意见。

"爱琴,要么你去农机修理厂当厂长。"领导说。

沈爱琴摇摇头说:"我哪也不去,就在绸厂,可以当工人。"

"你看你,不要这么固执嘛,现在绸厂情况你也知道,低头不见抬头见的,大家都难堪,你又何必呢?"

"不会,我就只有这一个要求,留在绸厂工作。"

领导见沈爱琴如此坚持,也只好随她了。夺权派也想不通沈

爱琴为什么不走，非要留在绸厂，为了羞辱她，就让她去食堂打杂和打扫厂区卫生。

沈爱琴平静地接受这一身份的巨大落差，每天把厂区打扫得干干净净，下班后，就到车间虚心跟老师傅学技术，每道工序重新学起，非常认真。

在旁人眼里，沈爱琴的变化非常大，曾经那么一个富有激情和雷厉风行的人，现在却变得低眉顺眼，看到谁都客客气气的。却不知她在不动声色地观察着，包括那些职工对自己的态度。那封签满了名字的举报信，是她心中的痛，她自认为无愧于天地良心，可为什么会有这么多人结成一团，站在她的对立面？

后来经过了解，除了少数曾经被她处罚过的职工对她怀恨在心外，绝大多数人都是被逼迫才无奈签了名，沈爱琴也就释然了。

那就让一切都风轻云淡地过去吧，沈爱琴冷眼旁观这人生的潮起潮落，淡定地面对未知的明天。

日历，在一天天薄下去。

曾经机器隆隆、红火的笕桥绸厂，在几个完全不懂管理的"夺权者"手中折腾了十来个月后，呈现出半死不活的样子。工人工资发不出来，收购原材料的渠道受阻断裂，没有严格管理的工厂似无序散沙。由于新的当权者把沈爱琴好不容易请来的老师傅全解聘了，结果不但机器设备三天两头出故障，残次产品也接连出现，产品质量一落千丈。

有传言，绸厂要倒闭关门了。

人都是这样，一旦关系到自己的切身利益，想法就会不一样了。以前沈爱琴当厂长时，有些自由散漫惯的人不满她管得太严。现在没有制度约束，自在多了，可钱没有了。断了经济来源，势必会严重影响家庭生活。这么一比较,又觉得还是沈爱琴当厂长好。

这时的笕桥绸厂对那些"夺权者"来说,等于是湿手沾面粉。一年不到,就亏损十余万元,在外面还欠了一屁股债。他们也明白,再这样下去,会更加自讨没趣。于是就找笕桥公社革委会,说这厂资不抵债,已无存在的必要,干脆关掉算了。

稍微有脑子的人都知道问题出在哪里,这绸厂在别人手里办不下去,到了沈爱琴这里,起死回生不说,还蒸蒸日上。你把一个红火的厂硬抢过来自己搞,结果好端端的又要被搞垮。这么巨大的反差,让镇革委会那些领导清醒地认识到沈爱琴的能力和重要性,经过集体讨论后,一致同意再次请沈爱琴挂帅,来担任这笕桥绸厂的厂长。

"我不当这个厂长。"沈爱琴一口回绝。在"落难"的那些日日夜夜里,她一直在反省自己,员工之所以对严格的管理制度不适应,源于他们的思想还没有转变,依然以农民的思维来当工人,只顾眼前一点蝇头小利。一个合格的工人,不仅仅需要过硬的技术,还要树立正确的价值观。每个人都需要明白一个道理,那就是"厂兴我荣,厂衰我耻"的观念,上下齐心,这样才有前途。

公社领导知道沈爱琴拒绝当这个厂长,是因为心里有委屈,就做她的思想工作,说把厂里原有的领导班子做个调整,给她自由发挥的空间。沈爱琴还是不接这个任命。

"爱琴,当初,审查组的人想随便给你安个罪名,把你往死里整,但我们不同意他们这么草率定性,坚持把情况一级级向上反映,由上级部门来定性决定,拖延时间,也算是对你的一种保护。"

沈爱琴听了很感动,她诚恳地对领导说:"我这不是闹情绪,

也不是不服从组织安排,但现在的笕桥绸厂已成一盘散沙,人心散了,就算我又当了这个厂长,恐怕也难以为继。"

"你一定可以的,你有什么要求,提出来。"

"那就让绸厂的全体职工投票,直接选举厂长,如果我被选上了,就干。没选上,我继续去扫我的地。因为我现在需要的不是厂长这个权力,而是全厂职工的信任。"

"直选厂长?爱琴,这不合适吧,厂长都是上级相关部门任命的,我们笕桥公社也没这个先例。"

沈爱琴坚持要用这种方式来决定自己是否再次担任厂长,最后,公社领导妥协,同意采纳沈爱琴的建议。

直选厂长的日子到了。

公社领导一行来到笕桥绸厂,召开全体职工大会。在会上,宣布让大家直选厂长,没有候选人,想选谁就写谁的名字。

全厂100名职工,除了一个人没选沈爱琴,其他所有人的选票上都写着沈爱琴的名字。

"沈爱琴:99票。"当计票人宣读结果时,现场响起了热烈的掌声。

坐在台下的沈爱琴眼眶湿润了,为自己重新获得信任而感慨万千。

沈爱琴重新担任笕桥绸厂厂长,那些曾经签名举报她,特别是在她"落难"时,对她冷嘲热讽的少数职工心里很虚。虽然在直选厂长上,他们心甘情愿投了沈爱琴的票。因为大家很清楚,只有沈爱琴才有本事让笕桥绸厂活过来,只有跟着她,才有钱赚,有好日子过。

对此,沈爱琴心知肚明。所以她上任第一件事,就是开了一个全体职工大会。

"首先,我很感谢大家投了信任票,选我当厂长。之前所发生的一切,包括签名举报我的,都过去了,我不会再计较,也绝不会在今后工作中搞打击报复那一套。"沈爱琴的目光扫过台下一张张熟悉的面孔,接着说:"但通过这件事,也让我发现我们自身存在的许多缺陷和不足。笕桥绸厂本身就没有底子,禁不起折腾,这次又元气大伤,若想重新活过来,在夹缝中生存下去,必须团结一心,这样才能拼出一条血路来。只有厂兴旺发达了,大家的日子才能越来越好。如果厂倒闭了,我们就什么都没有了,那大家都回去继续当农民,继续过苦日子,谁愿意?所以,笕桥绸厂不能再走弯路、走错路,大家一定要齐心,共同把厂办好,办得红红火火。当然,以后我若有任何违法乱纪之事,欢迎大家实事求是举报我。我在工作中,有哪些做得不对的地方,也请大家告诉我。"

雷鸣般的掌声响起来了,很多人的眼睛里闪着隐约的泪花,为沈爱琴的大度和豪情而感动,也为自己曾经的胆怯和懦弱而羞愧。

从此以后,历经波折的笕桥绸厂,在沈爱琴这个掌门人的带领下,一路披荆斩棘,开创一个又一个奇迹。

这世上,有很多人会说不干,也有人会干不说,还有既不会说又不肯干的。沈爱琴是既会讲,又会做。自从她担任厂长以来,她就有很明确的奋斗目标。同时,她又明白,要把想法一点点变成现实,就必须脚踏实地,一步一个脚印地行走。沙滩上建不了房子,即使建了,若地基不稳,稍有风吹草动,就要出问题。这点,她早已在烂泥塘上建厂房时就深有体会。

要想把濒临倒闭的工厂重新救活,首先得把那些国营绸厂的

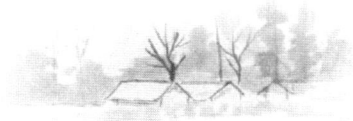

退休老师傅一个个请回来,在技术上,还需要这些老师傅坐镇才行。沈爱琴马不停蹄,带着礼物,亲自上门去请。老师傅们有感于沈爱琴的真诚和恳切,再次出山。

整顿松散的厂纪,把细化的规章制度一一上墙,那些断供的国营绸厂的下脚料又重新去衔接,事无巨细,沈爱琴都一样样去落实。

一切重新开始。

沈爱琴没有忘记自己在那段特殊时期的思考,在管理上,该强硬的地方要强硬,该人性化的地方要人性化。她相信,人心都是肉长的,只要让每一个职工在工厂找到家的感觉,让他们以笕桥绸厂的一员为荣,那么管理定能起到事半功倍的效果。

为了提升职工的素质,让他们对自己的"工人"身份有认同感,规章制度里,就有上班不准抽烟喝酒,任何时候都不能赌博。特别是赌博,若被抓到,第一次警告,屡教不改的辞退。对这一条,很多人以为只是写写而已,哪有这么严重?有喜欢玩牌的人,还是管不住手,偷偷聚在一起赌。被沈爱琴发现,进行严肃的批评。也有人嘴上答应得很好,转过身依然我行我素。这股歪风,直到沈爱琴举起撒手锏,辞退了个别故意挑衅规则的人才刹住。

沈爱琴对大家说:"要想让别人尊重你,首先你得有个让人尊重的样子。各行各业都一样,你当农民,你就得懂田里农活,像个农民的样子。你当工人,就要懂技术,遵守厂里的规章制度,就得是工人的样子。我们是农民出身没错,但既然进了厂,是工人了,就不能让人瞧不起,说我们还是大老粗。要多学习,把一些不好的习惯改掉。"

无论是新职工还是老员工,进厂必须要穿工作服。沈爱琴说，当你换上工作服时，就是要提醒自己，你不是农民，而是工人。既然是工人，就得掌握一门技术。要想织出好的、合格的丝绸产品，需要懂的知识太多了。

要养成一个自觉的好习惯，刚开始须借助"外力"，一块块写着详细厂纪厂规的牌子立在每个车间门口。每星期至少开一次会，厂纪、厂规、标准，沈爱琴不厌其烦地在会上反复讲。让职工从不理解、抱怨到理解与接受。

随着中断的原料再次供应上，工厂又开始正常的生产。而老师傅们的到位，让产品质量一度严重下降的笕桥绸厂重新赢得了市场声誉。

1978 年 12 月，我们这个多灾多难的国家，迎来了具有划时代意义的转折点。这个月的 18 日至 22 日，中国共产党第十一届中央委员会第三次全体会议在北京举行，进行了拨乱反正，开始了改革开放和社会主义现代化建设的新时期。

党的十一届三中全会召开以后，改革开放的春风开始吹遍大地，沈爱琴敏感地意识到，一个新的时代来临了。她相信，借着这股春风，笕桥绸厂一定能浴火重生，发展壮大。而她的丝绸梦，必能落地生根，开出艳丽的花朵。

同时，沈爱琴也明白，倘若笕桥绸厂的产品没有一个正大光明的"身份"，要想大发展，那是不可能的。

这是她的一块心病。

为此，她拿着报告在区里、市里、省里的职能部门之间不停地奔波，只盼着能早日让笕桥绸厂与国有绸厂一样，列入国家计划，保证原料供应，产品能由国家调配至全国各地商场销售。很多人在背后笑沈爱琴痴心妄想，乡镇企业怎么可能享受与国有企业一

样的待遇？可沈爱琴却不信这个邪。她认为笕桥绸厂管理正规、技术规范、产品质量稳定，符合国家标准，任何一方面都不比国有绸厂逊色，就因为体制的问题，让"她"自降生之日起，就遭受不公正的待遇。她坚信，总有一天，乡镇企业可以挺直腰杆，理直气壮地把好产品推向市场。

相关职能部门虽然承认笕桥绸厂各方面都不错，但由于"她"的性质既不是全民所有制，又不是集体所有制，就算他们想帮，上面也没有文件，帮不了。现实的条条框框犹如一条条无形的绳索，束缚着笕桥绸厂渴望发展的手脚。

面对这样的现状，沈爱琴的目光落在成品的丝绸被面上，久久沉思。一边是老百姓对产品的需求，另一边是市场对产品流通的限制，改革开放这个"放"字，究竟能放到什么程度，谁也不知道。社会上也多观望之人，怕这政策哪天说变就变，说收就收，毕竟刚刚从"文革"中走出来，心有余悸，阴影重。对这一点，沈爱琴倒没有太过担心，她觉得中央改革开放的主基调已定，不可能朝令夕改。像笕桥绸厂这类企业，仅浙江省就有好多家，总有一天，存在的问题能解决。在没有编入"正规军"之前，那就靠自己的真本事去市场上寻找生存的土壤。

一定要让更多的人知道杭州除了有东南亚最大的丝绸厂——杭州丝绸印染联合厂，以及红雷丝织厂等数十家国有绸厂之外，还有一家笕桥绸厂。沈爱琴暗下决心，一定要为众多的草根企业争口气，做个榜样，只要我们自己不放弃，终有一天能用实力征服和赢得这个变化莫测的市场。

沈爱琴调整策略，她再次踏进相关职能部门的大门，提出给笕桥绸厂一个机会，接受国家权威部门的检验评比。

这个请求得到了批准。

结果正如沈爱琴所料，笕桥绸厂所有的产品不管是突检，还是抽检或复检，没有一次不合格的。

功夫不负有心人，不久，笕桥绸厂的产品获得了"轻工业部优质产品"和"浙江省优质产品"称号。

笕桥绸厂再次让同行刮目相看，要知道，这可是他们用国营大厂的下脚料生产出来的产品啊，居然有这么好的质量。

有了国家权威部门的认可，沈爱琴更加的理直气壮，她拿着产品合格证和两张省部级获奖证书，在计委、经委、商业局等各个部门来回跑着，希望能为这么好的产品拿到一张"准生证"。

记不清跑了多少次，陪了多少个笑脸，说了多少好话，1980年，在沈爱琴的不懈努力下，笕桥绸厂的丝绸被面等产品终于被批准进入国家计划产品序列，允许进入全国市场进行销售，但不调拨生产原料，也不对产品进行收购或调配。

虽说只得到这么一点的"照顾"，但对沈爱琴和笕桥绸厂来说，已是意外之喜。

"我们终于有'准生证'了。"沈爱琴在职工大会上宣布了这个好消息，"以后，我们笕桥绸厂的产品就能合理合法地进入全国市场了。"

这个消息，无疑是激动人心的，大家都觉得自己的腰板都挺了许多。

接着，沈爱琴又详细分析了绸厂目前存在的困难和问题。产品虽然能进入全国市场进行销售，但并非由国家收购或调配，需要自己去跑。一直阻碍发展的原料问题仍然没有解决，企业等于被一双无形的手扼制了喉咙，不能自由呼吸。

"这是一环扣一环的,一个环节的问题没有解决好,就会影响下一个环节。今天,既然有这么一个千载难逢的发展机会摆在面前,就看我们怎么去做了。"

"我们必须要拿出百倍的信心去面对一切困难,我希望大家能和我一起全力以赴,共同开创筧桥绸厂的明天!"

沈爱琴越说越激动,她的声音中气十足,特别富有感染力。职工们听了,个个热血沸腾。他们信任沈厂长,相信她会带着大家走出一条康庄大道来。

## 梦想的力量

梦想的力量究竟有多大?恐怕没有人说得清楚。但有一点可以肯定,一个人若想成功,没有梦想,没有执着于梦想的专注精神,几乎是不可能的。

沈爱琴的梦想,就是生产出精美的丝绸,让更多的世人了解并爱上丝绸。她有远大的理想,一直以来的目标不是杭州,而是全国。之前有种种局限,没有办法,现在有了"通行证",岂能轻易浪费？

第一站，首都北京。

沈爱琴像个在战场上运筹帷幄的将军，把目光牢牢锁定在中国最大的百货商场——北京市百货大楼（即现在的王府井百货）。

在一个细雨绵绵的春日，沈爱琴带着财务莫云仙、销售科长胡毛人踏上拥挤的绿皮火车出发了。

舍不得花钱买卧铺，硬座票又很紧张，三个人才买到一张。一上车，就是人挤人。白天，一个座位轮流坐。到了晚上，困得实在受不了，就干脆钻到人家的座位底下去睡，各种混浊的气息铺天盖地而来，只得拿件衣服遮一下，迷糊着休息。

到了北京，找了家便宜的地下室住，梳洗一番，三个人精神抖擞直奔目的地。

来到创立于1955年的北京市百货大楼，三人找到商场的工作人员，递上了介绍信。

工作人员看了介绍信，奇怪地问："你们不知道我们这里的商品都是由国家调拨的吗？"

"我知道。"沈爱琴微笑着说。

"知道还跑过来？"工作人员更加纳闷了。

"这位同志，你先看看我们带来的样品，还有一些资料。"沈爱琴边说边从手提包里拿出样品、轻工业部的文件、产品质量检验证书等一系列资料，还介绍了笕桥绸厂的管理、技术和质量情况。

"这样品看起来质量倒不错，听你这么介绍，厂里各方面也比较规范，只是你们工厂没有被列入国家计划，我们也不能违反制度，自作主张啊！"工作人员为难地说。

"我们是自产自销没错，但这自产自销也是国家批准的。你

们这么大的百货公司,靠国家给的这点真丝被面额度恐怕也不够吧?"沈爱琴刚上楼之前,已到卖真丝被面的柜台去转悠了一番,装作随意的样子与营业员搭过话,知道真丝产品供不应求。

这位工作人员被沈爱琴这么一问,不由怔了怔,他自然知道商场的真丝产品三天两头断档,于是就对沈爱琴说:"要么这样,我去请示一下领导。"

沈爱琴连忙点头说:"好,谢谢这位同志!"

没过多久,这位工作人员就匆匆过来,说领导请三位去办公室。到了那里,商场几位领导非常细致地看了沈爱琴她们带来的样品,又详细询问了笕桥绸厂的情况,表情犹豫不决。

"你们看这样行不行?我今天把带来的产品留在这里,你们试卖三天,倘若没有人要,我们立马打道回府,不来麻烦你们。"沈爱琴急了,脱口而出这么一个方案。

对方不禁被沈爱琴的自信打动,同意试销。有位领导对衣着朴素的沈爱琴感叹道:"想在国家计划外进我们商店销售的厂家成千上万,只有你们一家进来了。有你这样的厂长,我相信你们的产品也不会差,我就破个例。"

"谢谢你们对乡镇企业的支持,为了表示我们的诚意,可以签订一份代销协议,按期结算,无条件退货,所有的风险和责任由我们来承担。"沈爱琴真诚地说。

"沈厂长,你真是让我们刮目相看啊!"商场领导紧紧握住沈爱琴的手,敬佩地说。

事实证明,沈爱琴的远见,非常人可比。

这一年,仅北京市百货大楼就给笕桥绸厂带来了6万元的净利润。

这是笕桥绸厂有史以来第一次真正意义上的突破。

打开北京市百货大楼的局面后,笕桥绸厂的产品随后又占领了北京西单商场,上海一百、六百、豫园,南京新街口百货,武汉中心百货、武汉商场,天津劝业场,沈阳铁西百货商场、东风百货商场等各大商场,成为畅销货。

沈爱琴用自己的勇气和吃苦耐劳精神,一步步开拓笕桥绸厂的销售疆域。没有人知道这个身材瘦小的女人在背后付出了多少辛劳,一年有大半时间奔波在路上,走南闯北,饿了吃个馒头,住最便宜、最低档的旅馆。她习惯了事事亲力亲为,不是不放心别人去做,而是想做得更好。她是个特别能吃苦的人,所以在别人眼里,那些无法忍受的辛苦,在她这里变成了磨炼意志的"标配",只要企业好,什么样的苦她都能吃,什么样的罪她都愿意受。

为了企业的发展,家,真的成了临时的旅馆。幸好婆婆和丈夫都非常支持她,让她免去了后顾之忧。

每年年末,家家户户都忙着过年,沈爱琴也忙着出门去收账款。在熙熙攘攘的火车站,在人挤人的火车上,瘦弱的她常常忘记自己是个女人。

有一次,沈爱琴和厂里60多岁的销售科长胡毛人一起去河南收货款。钱倒是收回来了,可由于碰上过春节,返程车票没有了,而厂里职工还等着发工资奖金。两个人就守着火车站售票处,盼着运气好,能买到一两张退票。郑州的冬天冷得彻骨,衣衫单薄的沈爱琴冻得脸都变了颜色。她见胡科长也冻得牙齿直打战,怕把上了年纪的他给冻坏了,于是狠狠心,在火车站的商店里花了十多元钱,买了一件军大衣给胡科长穿上。当时,她身上带着几万元的现金,可却舍不得花钱给自己买一件穿。胡科长担心

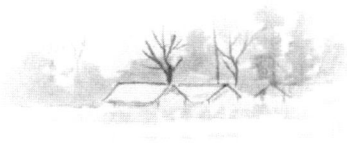

沈爱琴身体吃不消,于是就把大衣让给她穿。最后,两个人轮流披那件大衣,硬是坚持了两天两夜,直到买到两张去上海的无座票。

就这样,在火车上站了20多个小时,连水也不敢喝一口。因为怕上厕所,不仅仅是挤不过去,最关键的是厕所里也站满了人。到上海后,又在火车站等了一个晚上,才买到回杭州的票。下车时,双脚全部肿胀,连路都走不动了。

对沈爱琴来说,这不是偶尔为之,差不多每次都这么遭罪。若能买到一张座位票,那简直就是天大的幸福。

"用尽千方百计,说尽千言万语,走遍千山万水,吃尽千辛万苦",这四句话用在沈爱琴身上,再贴切不过了。

产品供不应求,扩大生产势在必行。可原料呢?靠国营大厂那些下脚料远远不够,沈爱琴只能削尖脑袋去想办法。本地的缫丝厂走得勤,外地的缫丝厂一样要随时联系。买不到计划内的,就去买计划外的,虽然价格高,但总比没有好。

现在的人可能无法想象那个有钱也不一定能买到东西的年代,特别是计划外的,比如蚕茧这种国家调控物资,是禁止厂家私自收购的。沈爱琴不是不知道这背后的风险,可为了这么多职工有饭吃,她只能冒险行动。

最惊险的,是一次贵州之行。

有一次,经人牵线搭桥,沈爱琴在贵州买到了几吨蚕丝,怕夜长梦多,她赶紧租了辆卡车把货往杭州运。谁知车开到贵州遵义地段,就被当地工商局稽查队给查扣住。他们根本不看这批货的手续证明,一口咬定这是私自采买和贩运国家计划外物资的违法行为。

沈爱琴如雷轰顶,急得虚火上升,嘴唇起泡,这批蚕丝若不能运回杭州,不仅会严重影响工厂的正常运转,更重要的是这一车几十万的损失,可以立马让笕桥绸厂这艘小船翻转沉没。在这个人生地不熟的贵州,沈爱琴说尽好话,磨破嘴皮子都没有用,当地工商部门装聋作哑,对她的诉求就是置之不理。

见此情形,沈爱琴明白此路不通,她得另辟蹊径。于是,跑到火车站,买了一张晚上出发去杭州的火车票。到杭州后,她哪也没有去,而是直奔浙江省工商局,把此事做了汇报,请求省工商局伸出援手,帮助笕桥绸厂渡过这次难关。

浙江省工商局立即与对方联系,并委派区工商局局长与沈爱琴一起连夜赶赴遵义,以协商此事如何妥善解决。

这一趟真是吃尽了苦头。

由于太过匆忙,沈爱琴和那位局长没有买到座位票,只能站着。而从杭州到遵义不是直达车,需要到桂林中转。站了近30个小时到桂林,本以为接下去的行程能有座位,谁知道还是没有。

太累了,两个人站得腰酸背痛,两腿僵硬浮肿。真想一屁股坐在地上,可人太多,根本没有多余的空间,再加上各种人体散发出来的气味,让人更加的头晕目眩。

再艰苦,沈爱琴都能忍住,可她很担心比她年长的局长身体吃不消。不管怎么说,是绸厂的事让他受了累,她心里感到很抱歉。于是就挤到列车长办公室,希望能补一张卧铺票,实在不行,给个座位也好。可列车长说没有办法,都满员了。

"对不起,局长,这次太辛苦你了。"沈爱琴难过地说。

"没关系,只要能把事情解决,再累也值得。"局长见沈爱琴一脸自责,就笑着安慰道。

就这样,两个人一路长途颠簸,终于到达遵义。顾不上休息,就直接去了当地的工商部门。当遵义工商局的同志看到风尘仆仆,一脸疲惫的两位远客出现在他们面前时,不禁惊呆了。同时,也被沈爱琴这种为了公家的事,可以这么不辞辛劳地来回奔波的精神所感动。

双方坐下来开始协商、辩论、交流。

沈爱琴发挥她口才极佳的优势,动之以情,晓之以理,向对方诉说笕桥绸厂在夹缝中生存的不易。为了原料,真正是上天入地,想尽办法,她不是为自己,而是为了全厂这么多职工,为了这些职工背后的每个家庭。

经过反复的沟通,再与上级部门联系汇报,最后,这一车被扣压的蚕丝终于得到了放行的许可。

那一刻,沈爱琴整个人都要虚脱了,长长地吁了一口气。

不打不相识,这一番交涉之后,遵义工商局的同志与沈爱琴成了朋友。从此,沈爱琴去贵州采购蚕丝,再也没有遇到过类似的事件。

在当地,笕桥绸厂的职工总体素质还是比较高的,这得益于厂里规章制度的制约和沈爱琴平时在政治思想与行动上的正确引导。

比如,厂里很早就建立了团支部和工会,而且绝不是摆设,工作能落到实处。厂里哪个职工家里有事,情绪不对,生活上有困难,等等,沈爱琴都记在心里,及时伸出援手给予帮助和疏导。在职工们心里,沈爱琴就是他们的主心骨,只要有事找她,那就找对人了。

沈爱琴是个宁可自己吃亏,也不愿委屈别人的人。她的身上有一种与生俱来的大悲悯,追求公平、公正。工厂发展了,职工越来越多,她发现男女同工不同酬的规定,有太多的不合理。

那时候笕桥绸厂的工资是由笕桥镇镇政府制定的,根据当年人民公社男人拿 10 分工,女人拿 7 分工的标准,将绸厂工人的月工资定为男工 42 元,女工 26 元。沈爱琴虽是厂长,因为是女人,一个月的工资也只有 29.5 元。于是厂里就出现技术水平很高的女师傅一个月拿 26 元工资,而她带的男徒弟什么都不会,却有 42 元的情况。这种极不合理的工资设置严重影响了女职工的工作积极性,私下也有诸多的牢骚与怨言。沈爱琴感觉这个问题若不解决,厂里不可能上下齐心。绸厂本来就女职工占大多数,搞不好问题多多。

沈爱琴顾不得被人家说是在争取自己的利益,找镇政府领导,要求在笕桥绸厂实行男女同工同酬。

"男女同工同酬?"这可是破天荒第一次听到,镇政府领导一脸惊讶。

"是的,绸厂本来就女工占多数,她们大多数都是一线工人,工作最辛苦,钱拿得最少,现行的工资标准对女工太不公平,太不合理,不利于凝聚人心。"沈爱琴理直气壮地说。

"这事还需要集体讨论。"镇领导沉吟道。毕竟,笕桥绸厂是镇上的纳税大户,沈爱琴又这么有能力,对她提出来的要求还是要慎重考虑。

沈爱琴同意了。

不久,镇上专门开了个会,来讨论笕桥绸厂男女同工同酬的事。面对一屋子清一色的男人,沈爱琴底气十足地说:"法律规定,男女平等,可现实上男女从来都没有平等过。笕桥绸厂女工

占绝大多数,她们一天到晚站在织机面前,辛勤工作,可到了月底,却只能拿到比男工少得多的微薄工资。是她们付出少吗?不是,恰恰相反,她们付出的比一般男工要多得多。你们想想,当一个技术水平很高的师傅因为是女人,每个月要比她带的男徒弟工资少那么多,如果换作你们,又会怎样想?我们又有什么理由去要求女师傅全心全意地把她的技术传授给男徒弟?当然,我这么说,并不是指男工不重要。现在企业,男女分工各有不同,大家都一样重要,不能厚此薄彼。没有公平就没有生产力,也不可能有工厂的长远发展,所以我坚决要求在笕桥绸厂实行男女同工同酬。"

男人们听了沈爱琴的一番话,开始边抽烟,边交头接耳议论起来。

有人说,女人怎么可能跟男人同工同酬?能一样吗?她干得了重活吗?沈爱琴反驳道,女人干不了重活,那男人能干得了细巧活吗?这个不是理由。

经过一番唇枪舌剑,在沈爱琴咬住青山不放松的坚持下,笕桥镇领导同意了她的要求,率先在笕桥绸厂实行男女同工同酬工资制度。

沈爱琴此举,不但赢得了全厂女职工的心,也让男职工们看到了沈厂长内心的一杆秤。让大家明白,她不会亏待任何一个人。人心齐,泰山移,在沈爱琴这个"大家长"的带领下,笕桥绸厂走上了快速发展的道路。

## 不走寻常路

命运注定沈爱琴要走一条不寻常的路。

到了 20 世纪 80 年代,随着产品的热销,笕桥绸厂变得门庭若市。新产品一个接一个上马,每一步都比别人快半拍。无论是质量、技术,还是设备更新,在同行业中都属佼佼者。来要货的车子都在厂外面排着长队等货,工厂 24 小时开动机器都来不及生产。厂里一有钱就马上去买原料,有多少钱买多少丝,很快这些丝又变成产品,转换成了钱。面对一天比一天红火的工厂,职工们陶醉在蒸蒸日上的乐观里,只有沈爱琴是清醒的。在她的梦想版图里,工厂不但要活下去,而且还要活得精彩,她萌生了建一个染丝车间的念头。

沈爱琴想上染丝项目,这在旁人眼里又是一件异想天开的事。当时杭州没有染丝厂,市场上旺销的丝绸被面需要用染色丝做原料,白丝变成染色丝后,附加值就马上不一样了。印染这块一直都是委托外地工厂加工,不但被切割走了一块利润蛋糕,生

产进度和质量都要受制于人,有时还造成重大的延误,影响信誉。当时像杭丝联、杭州印染厂这样的国有大型企业也都想上染丝生产线,却由于技术的限制而没有上,笕桥绸厂这么个小小的乡镇企业居然想干这事,无异于蛇吞象,吃得下吗?沈爱琴是从绸厂的长远发展规划着眼,倘若能丰富生产环节,把前端产品的染丝业务和印花、染色等丝绸后端处理工序及丝绸产品的深加工发展起来,不但能大大拓宽发展空间,到时候也必能创造新的辉煌。

面对种种质疑,沈爱琴淡然一笑。不走寻常路,她要做的事,从来都不会因旁观者的原因而改变。

1984年,为了能早日把染丝项目落地,沈爱琴三赴上海一家印染技术研究所,要求技术合作,但三次都被婉言谢绝。这也难怪,当时上海的染丝技术在国内处于领先地位,一家既无技术,又无设备的乡镇企业想跟他们这么"高大上"的研究所合作,简直匪夷所思。

沈爱琴在办企业之前,是个心气高傲的人,最不愿做的事就是开口求人。可自从担任笕桥绸厂厂长之后,只要是有利于企业发展,她都愿意一次次低声下气去求,不怕被人拒绝和难堪。

快过年了,沈爱琴打听到研究所负责人的住址,就和办公室主任蒋玉林一起,带着两只酱鸭上门去拜访。那位负责人接待了她们,三个人坐在客厅里聊,这位负责人的老婆在房间里故意发出各种声音,以表示自己的不耐烦。沈爱琴不是傻子,听出对方的不悦,于是也没坐多久,就和蒋玉林一起告辞。谁知道刚走到门口,鞋子还没有穿上,两只酱鸭就被扔了出来。年轻的蒋玉林哪受得了这个委屈,当即就哭了出来。沈爱琴捡起酱鸭,对蒋玉林说,我们不要哭。可在下楼梯的时候,她也忍不住哭了。

第二天，沈爱琴又一次出现在那位负责人的办公室，再三恳求对方到笕桥绸厂看看，再决定是否合作。可能是想到前一天自己妻子的行动有点过分，这位负责人终于答应来一趟杭州。沈爱琴见他答应了，喜出望外，当即安排去买票。

当这位负责人来到笕桥绸厂，到各个车间转了一圈，又详细了解了笕桥绸厂这几年的生产和管理情况后，感觉很意外。他对沈爱琴说："沈厂长，我还以为乡镇企业技术落后、设备陈旧、管理无序，没想到你们厂跟我想的完全不一样。看到你们有这么先进的理念和精细的管理，前途无量啊！我看这技术合作可行。"

沈爱琴紧紧握住对方的手，高兴地说："合作愉快！"

有了染丝技术支撑只是第一步，作为杭州市的一个空白项目，如果成功，笕桥绸厂的产品将一跃进入杭州丝绸企业的前列。只是，这个项目需要的投资额是 500 万。这个投资额在 1985 年年初，等同于天文数字，就算把笕桥镇全镇的财力集中起来，也就这个数。万一项目搞砸了，谁来挑这个担？

为了这笔钱，沈爱琴像中了邪一样，到处立军令状、写保证书，揽下了所有的责任和风险。立项报告书、可行性研究报告，一份份凝聚着沈爱琴和科研单位心血的文件报了上去。这些报告都是沈爱琴实打实掌握的一手资料，样本数据不但翔实，而且靠谱。立论，有理有据。再加上她一次次反复的解释说明，终于说服了笕桥镇的领导们。第一关过了，沈爱琴又去联络银行贷款，到江干区立项，再跑市乡镇企业局和计经委。记不清跑了多少路，赔了多少个笑脸，费了多少口舌，经过沈爱琴坚持不懈的努力，一个个大红的公章盖了上去，项目终于批了下来。

可即使这样，还是有人疑惑，不明白沈爱琴为什么要冒这么

大风险,去搞这个跟丝绸纺织完全不同的项目,奇怪她的自信从何而来。沈爱琴笑笑,时间会证明她选择的正确性。

很快,项目进入了设计和施工环节。

染丝车间要建在当初圈进来的四口烂泥塘上,在施工前,先要把这几口烂泥塘给填起来。可施工单位业务繁忙,抽不出人来做这事。沈爱琴正想着怎么办,有人向她建议,调动全厂职工的力量。沈爱琴一听,有道理啊,她想起建这片新厂房时,也是发动全体职工把这地基给平整了。那时候人少,大家虽然辛苦,可都干得很欢。

当职工们一听要上染丝项目,需要填烂泥塘,都非常振奋,纷纷表示要积极参与。

这是一个多么激情飞扬的场面,即使过去这么多年,在一些老职工的脑海里,依然清晰如昔。

每天下班后,大家都自觉自愿地加入到填塘行动中,自带工具,没有一分钱报酬,只有两个馒头充饥。大家你追我赶,脸上洋溢着快乐的笑容。

对填塘任务,沈爱琴没有硬性规定必须参加,有事不来或其他原因不来,都可以。但事实上,没有一个职工找借口不参与,人人都把它当作自己的事。就这样,一筐泥一筐泥从别处挑来,填一层、夯实一层,直到把烂泥塘填平填结实为止。

1984年10月5日,笕桥绸厂的染丝工程正式开工。到12月7日,只花了62天时间,一幢高三层,总面积3456平方米,宽敞明亮的染丝整理大楼在人们惊讶的目光里竣工投产,建成了一条条最新的染丝、染色、整理生产线,填补了杭州染丝项目的空白。织机也增加到了120台,而且全是国内先进的剑杆织机。

《杭州日报》头版发表了一篇题为《深圳速度在笕桥》的新闻特写。文章说的是杭州笕桥绸厂在建设染丝车间工程项目中，以每七天一层楼的速度推进，不但速度快，而且质量好，赶上了当时以工程建设速度快著称的"深圳速度"。

旁人只看到了笕桥绸厂红火的一面，却不清楚身为厂长的沈爱琴那些日日夜夜是怎么过来的。在"深圳速度"的背后，是她严重透支的健康。

那段时间，沈爱琴一边要管理绸厂的生产经营，一边又要紧盯着染丝项目的进展情况。没有休息时间，每天下班时间是随机的，忙到半夜是常事。

长时间、高强度、超负荷的工作，终于把沈爱琴并不强壮的身体给累垮了。她的肝部频繁出现疼痛现象，赤脚医生出身的她，心里有隐约的不安，肝区疼痛绝不会是好事。她没有把这件事告诉其他人，只告诉了丈夫屠志良。屠志良一听就急了，让她赶紧去医院检查。可沈爱琴总有忙不完的事要做，一天天拖着。直到屠志良发火，再三催促，沈爱琴才抽了半天时间去医院检查。

"肝 Ca"，当沈爱琴看到这几个字，很震惊，但她没有在脸上表露出来。她把诊断书折好装进口袋，一声不吭地回到厂里。

平静是表面的，沈爱琴的内心在翻江倒海，她从没想到有一天，自己竟然会和"癌"这个字联系在一起，她才 40 岁，难道年纪轻轻就要英年早逝，遗憾离开？不，她还有那么多的事要做，两个女儿还没长大成人，这些年来，她都没有时间好好陪伴她们成长。对丈夫也如此，整天忙于工作，对家里付出太少。想到这里，她的内心充满了歉疚。

有病就要治，但治病之前得先把工作给安排好。不然，即使

在病床上，她也不会安心。

只是这么一来，病情想瞒也没法瞒了。此消息传开，众人皆惊，不管是领导还是职工或亲朋好友，纷纷前来，叫沈爱琴赶紧去医院治疗。沈爱琴嘴上答应得好好的，却不见行动。办公室的人见此情形，自作主张，联系了上海的医院，"倒逼"她去看病。

去上海前，沈爱琴开了一次全厂职工大会。与往常不一样的是，气氛特别凝重。几百号职工的眼睛紧紧盯着他们的沈厂长，这些年，是她带领着他们一路前行。倘若笕桥绸厂没有了沈爱琴，还会有今天这样的好日子吗？未来，顿时变得迷茫起来，只盼着沈厂长的病能早日治愈。

沈爱琴的目光从一张张熟悉的脸上滑过，她用平静的语调，把全厂接下来一段时间的工作重点做了安排，特别是染丝工程项目的进度控制，桩桩件件说了一遍。又谈了对笕桥绸厂接下去几年的发展规划，言语之间，流露出深深的牵挂和壮志未酬的遗憾。

台下，响起了压抑的抽泣声，职工们把沈爱琴的话当成了临别遗言。癌症等同于死亡，她还能好好地回来吗？

庆幸的是，这让人心惊胆战的"肝 Ca"最终只是一场虚惊。上海医院经过反复的检查论证，确定沈爱琴患的不是肝癌，而是良性的肝血管瘤，是由于过于疲劳引起了肝区疼痛。当时医生给出了两种方案，一是动手术，二是中医保守治疗。沈爱琴毫不犹豫地选择了中医，住了半个月院，带着一大包中药急急返回杭州。她心里日夜记挂着正在建设中的染丝车间项目，记挂着厂里几百个职工，记挂着年迈的婆婆和丈夫女儿，一听不是绝症，真是一刻都躺不住。

离开医院时，医生嘱咐沈爱琴，要坚持吃中药，一定要注意休息,好好静养,绝对不能劳累过度。沈爱琴答应得好好的,可一回到杭州,她就忘了,又变成了那个工作狂。

沈爱琴的工作思路一向与众不同,不但要质量,还要快速、高效。这染丝大楼的建造跟以前造新厂房一样,造好一层,符合条件就立马安装设备。与此同时,第二层在继续施工。这样等第二层造好了,第一层车间里已响起了机器声。而在工程动工之前,这个项目的技术人员早已被派到上海去学习培训了。

从担任厂长那一天起,沈爱琴对技术人员的重视在乡镇企业里可以说绝无仅有。她早早就开始培养技术骨干,随着绸厂名气越来越大,想进厂的人也越来越多,当时招人的决定权在镇政府手上,是沈爱琴建议在全镇公开招考工人,根据成绩择优录取。这其实是她为绸厂储备人才特意设置的门槛。仅 1981 年,笕桥绸厂就一下子招了上百名高中毕业生,几乎将笕桥镇的高中生"一网打尽"。

对这批有文化、有激情和冲劲的年轻人,沈爱琴不惜血本,将他们打造成一个个有用之才。

沈爱琴对技术人才培养的先见之明,为工厂的快速发展奠定了坚实的基础。而那些被送出去学习的年轻人,通过努力,不但掌握了技术,还开阔了视野,实现了从传统经验到精准科学的转变。

那一场春潮
以奔涌之势，席卷
大江南北

沉浮时代的洪流
破与立，清空与接纳
历练背后的格局

勇立潮头的强者
左手信念，右手视野
引领新的飞翔

## 敢为天下先

一个人站在高山之巅，视野自然就会变得开阔。而视野与心胸，又决定了格局的大小。

沈爱琴虽是个草根企业家，但她个性豪爽，喜欢"大"，最讨厌小家子气，扭扭捏捏。为了能把"迷你"型的笕桥绸厂发展成为梦想中的"大企业"，沈爱琴一直在努力。她的每一步布局，着眼点不是三年五年，而是十年、二十年，甚至更长远。

为了调动工人工作的积极性，沈爱琴从 1985 年开始，就实行了经济承包责任制，从厂部到车间，车间到班组，班组到个人一包到底，把镇下达的产值利润承包数结合本厂奋斗指标一直落实到人。制订出看得到又拿得到的激励措施，让全厂上下精神振奋，全厂产值、利润成倍增加。

有了钱，就可以更新设备，扩大再生产。那些老掉牙的英制铁木机被淘汰了，不但降低了工人的劳动强度，还提高了产量和质量。自从染丝大楼建成投产后，印染整理不再依赖于上海，大

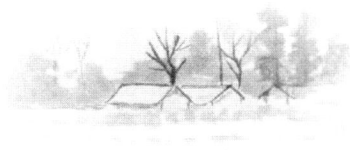

大节约了开支。形成了从一根丝进厂到一匹绸、一件服装出厂的综合型企业。到 1988 年,职工人数超过了 1000 人,再也不是最初的那只"丑小鸭"了。

沈爱琴深知"知识是生产力",所以随着笕桥绸厂的快速发展,她一方面招收有文化的年轻人,一边采用"请进来"与"送出去"的方式,培养技术人才。请大专院校的老师来给班组长以上干部讲授全面的质量管理知识,送他们去国营大厂学习管理经验。他们工作非常忙,可再忙,也要挤出时间来学习,不断提高自己各方面的素养。

"求新、创新",是笕桥绸厂取胜市场的法宝之一。沈爱琴骨子里有一种"另类"因子,她不愿墨守成规,时不时来一个剑走偏锋,在你还没有看清她出的招时,已拉下一大段距离。作为笕桥绸厂的"头",她的思维决定了这家工厂的"气质"。

1990 年,沈爱琴应邀赴美国参加一次商务考察活动,这是她第一次出国。

别人去国外,想的是购买紧俏物资,沈爱琴想的却是看看人家的丝绸是什么样的。所谓不比不知道,一比吓一跳,见了高山再见平地,才知道自己的差距在哪里。

"原来,我们的丝绸工业,与世界先进水平相差这么多。"沈爱琴那颗只为丝绸而生的心被瞬间击穿。这些年,她心怀梦想,把一个毫无优势的社办小厂一步步发展壮大,在同行业里也有了点名气,现在才知道,之前自己犹如井底之蛙。

沈爱琴的心情很复杂,回国后,她陷入深深的沉思中。她想追,又如何追?这不是 500 米和 1000 米的距离,而是 500 米与 5 万米,可能还不止这个距离。可若不追,难道中国丝绸就这样沉沦？作为一名有着强烈民族自尊心的企业家，从事的又是丝绸行业，这是她万万不能接受的。

路在何方？路在脚下！

1991年，沈爱琴又争取到一个机会，到法国、德国、意大利等欧洲六国进行技术和商务考察。这次考察，让她进一步扩大视野，了解世界丝绸工业最前沿的信息和状况。

沈爱琴在寻找机会。

上天总是眷顾有心人，有一次，沈爱琴带着厂里的技术人员到余杭一家工厂参观，无意中了解到红雷丝织厂准备引进一批日本喷水织机，还进行了多轮技术和商务谈判，最后因为资金需求过大，无奈放弃。

喷水织机？沈爱琴立马想起自己在国外考察时，就已经了解到这是世界上最先进的织机，有很多的优势，比如可以将纺织工序由四道减为三道；普通织机一锭只能牵引几百米，而喷水织机能牵引几千米；普通织机接一个头至少要浪费一米的原料，喷水织机几乎没有浪费。还有，一个工人最多只能管理4台普通织机，但可以管10台喷水织机。在生产中发生断线等问题时，普通织机若发现不及时就会严重影响产品质量，而喷水织机则会自动停机。无论从哪方面看，喷水织机的产品档次和质量水平，都要比普通织机高出许多。

两次出国考察，沈爱琴就一直在找突破的方向，"喷水织机"这几个字让她的思路一下子就清晰起来。

沈爱琴说行动就行动，她打听到为日商推销喷水织机的香港商人的联系方式，马上与对方进行接洽。那位香港商人听说笕桥绸厂有兴趣，喜出望外，连忙带着日本喷水织机生产商过来面谈。

到了笕桥绸厂，见了沈爱琴，在她那简陋的办公室坐了不到半小时，对方就起身告辞了。这笔买卖，不是买方没兴趣，而是卖方。日本商人认为笕桥绸厂没多大知名度，又不是国有大型企业，在行业内也没什么重大影响，不是他们理想的卖家。从心底里，也不相信这家乡镇企业有此实力。

沈爱琴见对方这个态度，也不勉强，很真诚地对两位说："欢迎你们再来。"

两个人也客套一下，就告辞了。

没想到一个星期后，这两个人再次出现在沈爱琴面前，这次态度与上次完全不一样。原来他们在这一周里到处跑，寻找合适的卖家，可好多大型纺织企业对他们的喷水织机没有兴趣。一圈转下来，发现唯一有此意向的就只有沈爱琴，于是就折了回来。

沈爱琴一点也不计较对方之前的轻视，很热情地接待了他们，双方坐下来开始进入商谈。沈爱琴要了解的是，日本方提供的喷水织机是不是世界先进水平，价格是否公道。同时，她让两位客人感知，现在的笕桥绸厂充满活力和生机，笕桥绸厂的未来一定会更好。

随后，沈爱琴应邀去日本进行商务考察，详细了解日商提供的喷水织机的技术质量等方方面面，双方对合作表现出极大的诚意。沈爱琴也知道要引进这个项目，牵涉的方方面面太多，时间可能会稍长一些，她让日方耐心等待，她会尽最大努力让这个项目尽快引进中国。

"什么，沈爱琴要引进喷水织机项目？"

这个消息像台风一样刮过笕桥镇、江干区、杭州市，震动了浙江省和中国纺织行业。要知道，在这之前，从没有一家企业引进过这个项目。更何况此项目需要 500 万美元外汇，在 1991 年，这是整个江干区都无法扛起的天文数字，再加上 1000 多万的配套资金，沈爱琴太异想天开了。

一位非常关心沈爱琴的老领导得知此消息后，急急上门来，确认此消息的真实性后，语重心长地对她说："爱琴，你是有能力的，这些年能把笕桥绸厂发展成这个规模，不容易。出了这么多新产品，获得这么多荣誉，你要珍惜啊！千万不要冲动，不要冒进，你现在厂里用的已经是中国最好的剑杆织机了，还要引进什么喷水织机？钱从哪里来？失败了怎么办？这些你都想过没有？"

沈爱琴给老领导倒了一杯茶，认真地说："您说的这些问题我都考虑过，以前我也觉得笕桥绸厂已经发展得很不错了，可去国外看了人家的丝绸产业，才发现我们中国的丝绸跟人家的差距不是一点点大，对我来说，个人得失算不了什么，只要企业能发展，我愿意去冒这个风险。"

"中国这么多纺织企业，他们也知道喷水织机的优势，人家为什么不引进？红雷丝织厂为什么没谈成？国营企业都解决不了的问题，你笕桥绸厂能解决了？"

"我知道困难会比想的还要多得多，可如果不去试过，又怎么知道不行呢？"

老领导见沈爱琴坚持要引进这个项目，很无奈地摇头叹息。

区领导来找她了解情况，做她思想工作，提醒她这个项目若亏损了，会有什么样的严重后果。

"沈爱琴，这个项目如果失败了，你搞不好是要被枪毙的。"

"为什么不想想这个项目成功后，能带来多么可观的经济效

益和社会效益？只要同意立项，我保证这个项目只会成功，不会失败。如果真的失败了，那我就去坐牢，即使要付出生命代价，我也认了。"沈爱琴坚定地说。

当然，也有支持沈爱琴引进喷水织机的。尤其是江干区区委吴健书记，当沈爱琴在第一时间来找他商量此项目，他听了她的详细分析后，当即表示支持。

江干区政府领导终于被沈爱琴给说服了，但还有更艰难的挑战在等着沈爱琴。

按规定，投资超过3000万元的项目，均要国务院批准。而根据程序，立项要一级级来，要排队等待。就算省市通过了，还要农业部、纺织部通过，需要这两个部批的项目不知道有多少，要轮到小小的笕桥绸厂，还不知道要到何年何月。

另外，当时的外汇额度非常紧缺，由国家外汇管理局专项管理，按计划审批，通过后调拨。500万美元的额度是一笔巨款，在笕桥绸厂前面，有多少家大型国企在等着上项目，等额度，怎么想都不可能轮到。

还有银行贷款，当时正处于国家银根紧缩期间，银行贷款门槛设定非常高，笕桥绸厂的规模最多能享受百万元以内的小额贷款，像这种超过5000万元的投资额度，按政策根本不可能批出来。更何况，贷款需要资产抵押，笕桥绸厂又拿不出对等的资产。

这是一个任何人都觉得不可能实现的梦，沈爱琴简直就是在痴心妄想。

沈爱琴何尝不明白这条路的艰辛？可倘若就此放弃，她想自己会终身遗憾。大不了去坐牢，以命相搏，还有什么可怕的？有困难，就一样样去克服。她把所有需要解决的问题一项项列出来,认真分析,思考解决办法,该怎么一步步走,想好,她就出发了。

第一站北京。那时,乡镇企业归农业部管,乡镇企业贷款归农业银行管。沈爱琴找到农业部领导,告诉他们自己为什么要引进这个喷水织机?农业部领导并不懂引进这个喷水织机对中国纺织工业具有怎样的象征意义,他们是被沈爱琴这个朴实的农民企业家的精神感动,对她说,只要其他部门通过审批,他们会全力配合。

有了农业部的表态,沈爱琴又去了纺织工业部。纺织工业部统领全国纺织工业,要引进什么,由谁引进,何时引进,全部由他们管理、指导和把关,笕桥绸厂这样的乡镇企业,根本引不起他们的兴趣和关注。

白天,沈爱琴在纺织工业部碰了钉子,晚上,她找来纺织工业部主管领导的电话,很冒昧地拨通了电话。领导耐心地听取了沈爱琴关于喷水织机项目的汇报,详细地询问了几个关键性问题。

"你们一家乡镇企业怎么会这么积极想引进喷水织机项目?中国有多少家大型国有纺织企业,他们不可能不知道喷水织机的好处,可并没有行动,为什么?"领导在电话里,很好奇地问。

沈爱琴说:"我们虽是实力不强的乡镇企业,但也不敢忘记肩上的责任,中国纺织工业需要喷水织机项目来引领和提升,总需要有人先行一步,不管是成功还是失败,都是宝贵的经验,我们愿意做这个冒险的先行者。"

领导显然被沈爱琴的话感动了,他说:"好,中国纺织工业需要你们这样的勇者。这个项目只要浙江省立项,纺织工业部将配合报送国务院审批。"

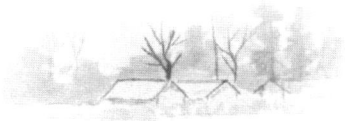

北京之行,让沈爱琴信心十足。回到杭州后,立项报告从镇、区、市一级级往上报。沈爱琴除了工厂的日常管理外,其余时间就是不停地跑政府部门,盖一个接一个的公章。

这一天,沈爱琴和莫云仙到浙江省计委送立项报告,一位领导当场就说,这个项目不能上。

"为什么不能上?"沈爱琴耐住性子问。

"你们一家乡镇企业能办成国营红雷丝织厂都没办成的项目?开什么玩笑。"领导的脸上写满了不屑,像打发要饭的一样打发她们。

沈爱琴的自尊心被深深地刺伤,走出领导办公室,她的眼泪都快要掉下来了。

"沈厂长,我们现在就回厂里吗?"莫云仙问。

"不,我们先不回厂里,下午我再去找他。"沈爱琴不是个轻易就认输的人,她打定主意,咬住青山不放松。

下午,当沈爱琴再次出现在那位领导面前,他显然有点意外,但仍然表现出一脸的不耐烦,言语中带着讽刺,意思是你一家乡镇企业搞什么喷水织机,人家国营企业都没有引进,你逞什么能?纯属凑热闹。

沈爱琴最听不得这种鄙视乡镇企业的话,理由气壮地说:"乡镇企业有国营企业没有的优势,我们比他们有活力,在质量和技术方面,我们一点也不会比国营企业差。这个项目,农业部和纺织工业部都同意立项,我就不信浙江省还真卡着不立。"

"你这么有本事,那你去立啊!"那位领导斜了沈爱琴一眼,不再理她。

那天,沈爱琴在那位领导办公室坐了整整一天,受尽冷脸,说尽好话,都没有用。

回到厂里,沈爱琴拨通了吴健书记的电话,这满腹的委屈化作了止不住的泪水,她又不是为自己,是为了公家的事,结果还受了这么多气。哭好了,擦干眼泪,还是要继续去积极争取。

喷水织机项目,后来经过多方努力,终于正式立项。为了能顺利通过国务院审批,将新建项目改成技术改造项目,将重点放在升级换代上。

项目虽然已立项,但沈爱琴丝毫不敢松懈,她的前方还有两座碉堡,需要她去攻克。

当务之急是解决外汇额度的问题,好比是一只小小的蛋糕,却有无数双眼睛盯着。笕桥绸厂的性质只能向农业银行贷款,国家外汇管理局接到笕桥绸厂的用汇申请,立马给退了回来,理由是:笕桥绸厂只能向中国农业银行贷款,而农业银行目前没有向国外结转外汇的部门,就算外汇额度批了,也不可能向日本公司支付。

沈爱琴没有被难倒,她坚信事在人为,于是一次次以银行信贷客户的身份,去农业银行找领导谈,说服银行决策层,采纳她的建议,设立国际信贷科,开展国际信贷业务。

这个几乎不可能解决的难题,又被沈爱琴给破解了。中国农业银行特事特办,以最快的速度设立国际信贷科,速报央行,很快得到批准,可以开展国际信贷业务。为了获得这 500 万美元的外汇额度,中国农业银行主动与国家外汇管理局联系,再加上多方助力,终于成功。

走到这一步,沈爱琴已创造了诸多第一。第一个以乡镇企业的卑微身份要求引进喷水织机,并立项;第一个让一家国家级银行专门为一个项目开设新业务,并如愿获得 500 万美元的外汇额度。这是新中国成立以来,第一次向乡镇企业拨放这么大一笔外汇。

接下去,沈爱琴还要创造第一,向中国农业银行申请 5000 万元额度的人民币贷款。这可不是嘴上说说就能批的,银行再支持这个项目,倘若你没有足够的资产做抵押担保也是不行的,而且提供担保的不能是政府部门,也不能是国有资产。

沈爱琴要想拿到这 5000 万元的贷款,必须要有超过这个数的资产,可笕桥绸厂的资产还没有达到这个数,没有担保资格。又由于那两条硬性规定,担保人只能在私人老板和乡镇企业里找。找私人老板不现实,那就剩最后一个选择,找乡镇企业。沈爱琴想到了一个人,也只有他有这个实力,

那天,杭州万向节厂的掌门人鲁冠球接到了沈爱琴的电话,问他能不能为喷水织机项目提供担保。

冯根生、鲁冠球、宗庆后、沈爱琴是杭州市同时代的四位优秀企业家,平时大家都是关系很好的朋友。鲁冠球了解沈爱琴的为人,知道不到万不得已,沈爱琴绝对不会开口向朋友求助,当即一口答应。

那日,鲁冠球从北京回到杭州,下了飞机就直奔沈爱琴的办公室,在提供 5000 万元额度的担保书上签了字。鲁冠球的仗义之举让沈爱琴非常感动,并终身铭记。毕竟这不是开玩笑的事,万一项目失败,笕桥绸厂破产倒闭,那提供担保的万向节厂就要受此牵连。可鲁冠球凭着对沈爱琴人品和能力的绝对信任,他愿意承担最坏结果带来的风险,伸出援手,帮沈爱琴一把。从心底里,他坚信沈爱琴的喷水织机项目一定会成功。

沈爱琴明白，引进先进设备容易，要想把技术装进脑袋还需要下苦功夫。她亲自带着一批技术人员去日本，参加外商提供的喷水织机设备和技术培训。和大家一起当学生，不放过任何一个学习的机会，每一个技术问题都要搞得清清楚楚，克服生产上的种种困难。在将近一个月的学习中，她和带去的技术人员全部掌握了喷水织机的设备性能和技术。

那一年，国内物价疯涨，沈爱琴凭着敏锐的触觉，看到了潜在的巨大危机。她一边要求加快工程进度，一边追着日方提前发货、结算，以最快的速度将500万美元的外汇额度提前用完。

当日方在沈爱琴的再三催促下，将108台喷水织机交付完毕，在沈爱琴将最后一笔外汇交割完成后两天，美元与人民币的汇率由1∶8突然疯涨至1∶11。仅此一项，沈爱琴就为工厂节省了2000多万元。

就这样，沈爱琴凭着一颗坚韧不拔的心，一股敢为天下先的勇气，终于把不可能实现的梦变成了现实。喷水织机项目的成功引进，也成了中国纺织工业发展史上一件具有标志性意义的事情。这个项目的成功实施使笕桥绸厂无论是生产规模还是技术档次、质量水平都有了质的飞跃，在同行业中遥遥领先，抵御了不久以后发生的外国资本和通货膨胀的双重冲击，走出一条独特的发展之路。

## 从笕桥绸厂到万事利

1993 年 3 月的一天,杭州笕桥绸厂热闹非凡。会议室里,挂着一条长长的横幅,上面写着:"浙江万事利轻纺工贸集团公司成立典礼"。

时任浙江省常务副省长的柴松岳代表省政府宣布"浙江万事利轻纺工贸集团"成立,并亲自向沈爱琴授牌。

沈爱琴脸上的笑容像一朵怒放的鲜花,那是发自内心的快乐和幸福。

从此,一个经浙江省人民政府批准,以沈爱琴为董事长、总经理,以笕桥绸厂资产为核心,联合 33 个工商企业、科研机构、大专院校,集产、供、销为一体,科、工、贸相结合的大型企业集团诞生了。

集团公司占地面积 3 万多平方米,新建 12000 平方米的服装织造大楼,职工 1052 人,拥有世界先进水平的织造、印花、印染配套设备,主要生产各档真丝绸、合纤及仿真丝服装面料,承接各种合纤丝、人造丝的染色和各类真丝绸缎、化纤面料的染整,以及出口真丝服装的生产业务。

在这之前的 1992 年 7 月,万事利凯丽达制衣有限公司成立。1993 年 1 月,万事利杭州喷织厂成立。1993 年 2 月,万事利凯达丝绸印染有限公司成立。

"万事利,这个名字取得好,家和万事兴,人和万事利,干部职工团结一心,这样的企业一定大有前途。"柴省长看着铜牌上"万事利"三个字,笑着说。

沈爱琴笑得更开心了。

这个名字,可费了她不少脑筋,全体职工也纷纷献计献策,提供了很多名字供参考。有的虽然很响亮,可沈爱琴总觉得少了点什么。她思来想去,明白少了能体现企业文化精髓的东西。

笕桥绸厂的企业文化就是"家",沈爱琴一直将企业当作一个家来管理,目标是打造一个温馨的大家庭。她爱两个家,企业是大家,自己的家是小家,如果没有小家的支持,她这个大家长也不可能管好企业那个家。

多年来,对于家庭幸福,沈爱琴总结出来的经验就是一个"和"字。没有这个"和",一切都是空谈。

家和万事兴,人和万事利。这几个字突然闪过沈爱琴的脑海,她知道,集团的名字有了,就叫"万事利"。既朗朗上口,又吉祥如意,寓意深刻,让人一看就喜欢。

后来,她又在"万事利"三个字前面,加了"天地人和",天地人和万事利。人,生长于天地之间,下立足于"地",上敬奉于"天"。而人,是万物之本,世界之主。首先要学会怎么做人,为人处世是一门大学问。

　　"天地人和",就是将人置于天地之间,处于"和谐"与"平和"的世界之中。从这七个字,可以看出沈爱琴所追求的思想境界。"和谐",是万事利企业文化的核心,指导着万事利人走向新的辉煌。

　　沈爱琴的名气越来越大,来采访她的媒体也越来越多。有记者走进万事利现代化的生产车间,看到在108台先进的喷水织机前,是20多位年轻的女工,她们在机器前熟练地操作着。人少了,但生产效率却比过去提高了7倍,从每天生产2000米化纤布增加到14000米。坐电梯来到6楼的制衣车间,有近100台缝纫机整齐排列着,女工们正低着头紧张地工作着,她们在赶制一批出口服装。

　　除了108台喷水织机,沈爱琴还从瑞士、德国、意大利引进了国际一流的印花、染色设备。到1994年底,万事利已从原先小小的单一织造坯布的笕桥绸厂,发展成为集"染丝—织造—印染—印花—砂洗——服装"为一体的综合企业。

　　设备更新和技术进步,促进了企业大批技术含量高、附加值高的新产品的开发。万事利每年设计开发的新产品在10种以上,大多获部优、省优新产品开发奖。

　　1995年5月12日,万事利经国家工商局批准,成为没有行业限制的综合性集团公司,更名为浙江万事利集团。这一年,万事利获得自营进出口权,并在香港设立公司,建立走向世界的窗口。

　　1996年8月,浙江万事利集团再次更名为万事利集团公司。

　　万事利要打造百年企业,成为沈爱琴向社会和全体职工郑重宣告的最新宣言。

　　这是一种自信,更是一种责任。

沈爱琴开始快马加鞭,似一位运筹帷幄的将军,攻城略地。

1995 年 5 月,万事利杭州针织有限公司成立。

1997 年 7 月,杭州万事利房地产有限公司成立。

1998 年 8 月,万事利砂洗厂成立。

1998 年 11 月,万事利建筑装饰工程有限公司成立。

1999 年 8 月,万事利杭州笕桥丝绸印染总公司成立。

1999 年 10 月,万事利汽车修理有限公司成立。

一家家公司犹如刚孵化出来的小鸡,一落地,就开始各自觅食、奔跑。

2000 年,万事利迎来了一个新的机遇,以明晰产权为目的的股份制改革正式启动。根据规定,必须由公司创始人、法人代表沈爱琴控股,实现责、权、利的全面对接。毫无疑问,这改制对未来的万事利来说,具有极大的推动作用。

面对改制,沈爱琴喜忧参半。

这么多年来,她深受"婆婆"太多之苦,政出多门,加上各种不合理的政策法规和行政干扰,让企业失去很多良好的机遇。为了处理上下矛盾和平衡各方关系,沈爱琴有很大一部分精力浪费在这上面。从这个角度来说,她希望改制,少了诸多约束的万事利以后一定可以跑得更快。

忧心的是人言可畏。

虽然这么多年来,企业在她带领下,一路风风雨雨走来,取得一个个不俗的成绩,都是有目共睹的。可以毫不夸张地说,倘若没有沈爱琴,就不可能有万事利的今天。但考虑到中国国情,企业若由她来控股,性质就变了,自然会有人心里不舒服,还不知道

会有什么样的流言蜚语出来。

可假如不改制，似乎也行不通，从眼下情形来看，改制是势在必行的。更何况，万事利正处于一个发展的瓶颈期，需要一股外力来突破它。一旦突破，万事利就会上一个新的台阶，这可关系到中国丝绸工业的未来。

当沈爱琴站在中国丝绸工业的高度再来看改制，视野就不一样了，相比之下，个人的名利得失算得了什么呢？她决定挑起这个重担。

改制前，沈爱琴做了一项工作，就是广泛听取了公司高管、中层及基层职工的意见。特别是与她一起共同打拼多年的几位公司高管，沈爱琴听取他们真实的意见和想法。让沈爱琴感动的是，没有一个人提出反对意见，全部支持她改制控股。

当万事利改制工作全部完成之后，沈爱琴召开了一次职工大会，在大会上，她真诚地对大家说："改制是为了完善机制、促进发展，万事利在大家的共同努力下，才有了今天的成就，作为控股股东，我更大的作用是作为一个决策者。万事利是社会的，财富也是社会的。它存在的意义，就是为国家贡献财富并提供就业机会。所以，与其说是大家为我打工，不如说我是为社会尽责，为大家打工。万事利的发展最终是为了社会的发展进步，万事利也要面向社会发展，要更加充分地利用社会的各种资源，同时让社会分享万事利的发展成果。万事利会成为一个公众公司，充分社会化。万事利坚持丝绸主业不动摇，要让万事利的旗帜一直飘扬在中国丝绸工业的最前沿、最高峰。同时，万事利也要融入世界发展潮流，成为世界丝绸工业的翘楚，带动并促进中国成为世界丝绸的生产中心、研发中心、创意中心。"

听了沈爱琴的肺腑之言,全体职工以热烈的掌声给董事长点了一个大大的赞。

听着耳边如雷的掌声,沈爱琴百感交集。

她看到了 1975 年的筹建,想起 1976 年的接手,当她走进那四处漏风的厂房,个人的命运就与企业的命运紧紧联系在了一起,从此风雨兼程。在夹缝中求生存,走南闯北寻找原材料,带着产品到处推销。为了引进项目,求爷爷告奶奶,受了多少委屈,冒了多少风险,躲在被窝里流了多少眼泪。这样一路折腾、磕碰走来,她也遇到很多贵人,他们一次次伸出援手,给她指引,帮她渡过难关。对此,她的心里充满了感激。

从毫不起眼的笕桥绸厂到今日的万事利,从 22 个农民工到 4000 多名职工,沈爱琴的人生与企业一样,在经过无数次的历练之后,绽放出令人炫目的光芒。

2000 年 12 月 11 日,国务院总理朱镕基在浙江考察工作时召开企业改革与发展座谈会。会上,浙江省委书记张德江向总理汇报了沈爱琴如何率领笕桥绸厂在极其困难的情况下奋力拼搏,在数以千计的国营和民营丝绸企业纷纷倒闭的背景下,一枝独秀,发展壮大。产品质量和档次连年提升,效率不断增长,已成为浙江省规模最大、水平最高、效益最好的丝绸企业。

朱总理听了后,非常高兴。他握住沈爱琴的手,笑着说:"你不应该叫沈爱琴,我给你起个名字叫沈爱宝。你把丝绸当作宝来做,你是中国丝绸之宝。"

沈爱琴把"沈爱宝"这个名字作为激励自己继续努力拼搏的动力,她要成为当之无愧的中国丝绸之宝。

## 时尚与美的引领者

1985 年,在中国的城市乡村,突然西服大热,不管高的矮的胖的瘦的有钱的没钱的,男人们都以拥有一套西服为荣。

沈爱琴办了一个小小的服装厂,西服热给厂里带来的订单,让工厂的机器 24 小时连轴转还完不成,生意火爆,呈现一片繁荣的景象。对此,沈爱琴并没有被冲昏头脑,也没有盲目扩大生产,因为她发现这种所谓的西服质地很粗糙,工艺也简单,没什么特别之处,估计热不了多久。

果然,这股"西服热"像风一样就过去了,沈爱琴的感觉是正确的。

就这样小打小闹到 1988 年 12 月,中外合资的杭亿制衣有限公司成立,笕桥绸厂开始生产丝绸服装。这服装在广交会一亮相,就立刻引起了市场的关注,连国外订单也纷至沓来。

沈爱琴深谙"质量是企业的生命"这个法则,不管是内销还是外销,一视同仁,任何一个环节都不允许出一点点纰漏。过硬的质量保证体系和严格的厂纪厂规,赢得了一些国际大公司的信赖,与他们合作,生产贴牌产品。

据了解,笕桥绸厂是中国改革开放后最早接受贴牌生产的企业之一。很多人不知道,当时在中国市场供不应求的金利来服装不少就是在笕桥绸厂贴牌生产的。

1995 年,万事利经国家工商局批准,成为没有行业限制的综合性集团公司,并获得自营进出口权。沈爱琴喊出了"打造百年企业"的口号,提出了企业的品牌战略,并正式推出万事利服装品牌,在香港开设办事处,作为万事利品牌直接面向世界的窗口。

沈爱琴是有野心的。她认为,随着经济的发展,人们生活水平的提高,对穿着会越来越讲究。丝绸即使再高档,也仍然是半成品。只有成为服装,才是终极产品。杭州给世人的感觉,是一个女性化的城市,杭州女装怎么可以没有自己的品牌?于是,她派人去法国考察,与当地一家知名服装企业达成意向,借用对方的品牌生产服装,以试水国际市场。又在国内十多个沿海城市开展广泛的市场调研,最后把万事利服装定位在 25 岁至 40 岁有素养的女性上。

时机成熟,沈爱琴开始不惜巨资,重点打造万事利女装品牌。她请来了"中国十佳服装设计师"之一的房莹为集团的设计总监,引进女装业各种人才。

1998 年,杭州万事利进出口公司成立,开始独立经营丝绸及服装出口业务。1999 年,万事利女装作为万事利服装产业的核心被推出,产品迅速畅销全国,远销美国、日本、欧盟等 30 多个国家和地区,成为全国外贸出口先进单位。

2000 年 2 月 12 日,万事利服装有限公司成立,宣布推出"万

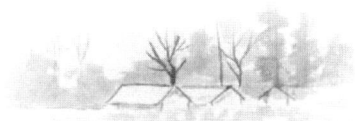

事利"柔性女性品牌。

这一年的秋天,中美两国经过一系列贸易及知识产权、人权等摩擦纠纷后,终于达成发展合作的共识。这个转折的标志性事件,是当年国家主席江泽民出访美国。对这次访问,中美双方都非常重视。为了让美国民众更多地了解中国文化,国家有关部门决定在江主席访美期间在美国举办一个"中国文化周"。作为"中国文化周"的重头戏,决定选派一家企业组织一台节目。

这要求自然不是一般的高,既要体现中国传统文化的瑰丽神奇,又要展示当今世界的时尚潮流,并要实现传统和现代的完美结合。根据这个要求,一帮专家学者经过反复讨论研究,最终选中了丝绸。国务院新闻办与文化部又在丝绸行业中选中万事利为中国丝绸时装展示会的主办单位。

当沈爱琴接到这个任务时,既觉得光荣又深感责任重大,届时万事利女装代表的可是整个中国的丝绸业,只许成功,不许失败。离赴美只有短短6个月的准备工作,非常紧张。万事利集团以设计总监、中国十佳服装设计师房莹为首,以最快速度,组织精兵强将,精心策划,认真设计制作。设计了一台取名为"黄河之梦"的丝绸服装展示会,以黄河为主线,以黄河上游、中游和下游不同的文化背景及时装的方式,充分反映中华民族在丝绸这一古老又独特的高级纺织产品方面所达到的极高的文化与技术境界。整台展示会的服装设计精美、工艺精湛,既充满了浓郁的中国传统气息,又充分表现了国内现有的各种高精尖的丝绸技术。

为了将中国丝绸文化表达得更加淋漓尽致,万事利为这100多套丝绸服装开发了特殊面料,并专门安装了制作的工艺设备,在用时3个月的服装制作之后,又在北京,对以国际名模马艳丽为首的 30 位中国一流模特进行了约 2 个月的排练。

2000 年 9 月 7 日下午,由中国万事利集团主办的中国丝绸时装展示会"黄河之梦"在著名的纽约贾维茨展览中心举行。

在热烈欢快的中华民乐声中,中国丝绸时装表演开始了。30 名中国名模在国际名模马艳丽带领下,缓缓地向人们走来。近百套服装,色彩艳丽,设计新颖,在传统的丝绸面料中,巧妙地糅进了当代最先进的各种纺织印染技术,令人大饱眼福。

动态与静态,过去到现在,从中国历代服饰、中国民族服饰到中国现代服饰,展示了中华民族几千年从未中断的灿烂文化和悠久的丝绸文化。

只有 400 个座位的演示厅,竟然挤进了 1000 多名观众,掌声一波接着一波响起,火爆的场景出乎沈爱琴和所有与会者的预期。

演出结束后,当着一身精致的黑色丝绸套裙,戴着珍珠项链的沈爱琴和设计师房莹、名模马艳丽走上前台向观众致意,现场的热烈气氛似乎要把屋顶给掀翻了。

走下台后,沈爱琴被涌上来的人群给包围了,许多美国政府官员和社会名流纷纷向她表示祝贺,感谢万事利奉献了一台如此精彩的时装展示会。各电视台排队等候采访。一位美国著名电视评论员说:"我经常去巴黎观看时装表演,我第一次看到中国的丝绸时装也能如此紧跟世界最新时尚,这充分体现了中国人民的聪明才智,中国时装正在赶上世界的步伐。"

沈爱琴微笑着告诉记者:"万事利集团是大型丝绸企业,参加国际文化交流活动是为今后积极拓展国际市场,特别是美国市场做准备。"

现场，一位美国著名的小提琴演奏家，请求沈爱琴将这场演出的所有时装全部卖给她收藏，她说中国的丝绸时装实在太美了，比天上的彩霞还要瑰丽，比孔雀的羽毛更加神奇，太了不起了。另一位是美国大型邮购时装公司 CLUESCO 的副总裁 GEORGENAIM 先生，提出相同的请求，买下这次演出的全部时装，作为他们公司产品陈列室的永久陈列品，向他们的全世界客户展示，共同拓展全球丝绸时装市场，并盛情邀请万事利代表团全体人员参加他们公司在周日举行的新品发布会。而在后台，还有好几位美国企业家在等着沈爱琴，要与她进行商务洽谈。

当晚，美国华语电视台播出了中国时装表演的新闻，高度评价了这次演出。应广大观众的要求，9 月 9 日，万事利集团再一次举行了一场丝绸时装发布会。

这一切，让沈爱琴更加坚定了进一步拓展国际丝绸市场的决心和雄心。

从美国回来不久，沈爱琴在出席中国服装业论坛活动时，就中国丝绸业的发展进行了发言。

沈爱琴说："中国是丝绸的故乡，有着悠久的丝绸历史，中国丝绸曾作为东方文明的使者，为建立东西方的经济与贸易关系做出了非常独特的贡献。经过 20 世纪后 20 年的大力发展与调整，中国的丝绸业已经发生了巨大的变化。中国年产生丝 6 万吨，丝织品年产量 35 亿米，均居世界第一。丝绸产品的深加工能力已经得到了充分的发展，丝绸技术水平也明显提高，高档丝绸产品整理技术逐步成熟，正日益应用到生产领域中。"

沈爱琴预测，在 21 世纪，向往自然、回归自然一定会成为全球人类崇尚的生活准则，而享有世界天然纤维"皇后"美誉的丝绸产品将因"绿色""环保"的特性受到国际纺织市场的欢迎。

2001年10月,亚洲与环太平洋地区经济合作组织会议(简称"APEC会议")在上海举行。由于美国刚遭受了"9·11"恐怖袭击,美国将战略重心转到"反恐",重新注重国际合作。在这样的背景下,这场汇集了21个国家和地区的元首及部长政要的盛会,自然吸引了全世界关注的目光。

这次会议开得非常成功,还出现了一个从未有过的亮点,就是与会的每个国家和地区的元首都身穿唐装集体亮相,包括美国总统布什。一个个穿着唐装的老外显得那么的有精神,颇具中国绅士的风度。

世界各大媒体赞叹,中国的丝绸服装真是太美了,在融入现代元素后,它既保持了中国传统服装的精髓,又符合现代审美观,不仅中国人穿着光彩,连外国人穿上也特别精神。

上海APEC会议后,唐装风行全国,走向全世界,

为什么上海APEC会议会想出让所有国家领导人穿唐装呢?这又跟沈爱琴有关。

作为全国人大代表的沈爱琴每年去北京参会,她都会穿着各种颜色、花色,款式新颖的丝绸服装,身体力行地推广中国丝绸文化。2000年"两会"期间,沈爱琴先后穿了5套由万事利集团开发设计的端庄典雅的唐装亮相,引起了轰动。

沈爱琴没想到自己的这个衣服"细节"会引起国务院相关领导的关注,触发了当时正在筹备上海APEC(亚太经济合作组织)会议的组委会的灵感。后经过多次研究,组委会决定在上海APEC会议上,邀请与会的所有国家领导人穿唐装。而万事利则于2001年5月受国家经贸委外经司指令,为参加APEC上海会

议的各国领导夫人、高级女官,设计、制作 300 套真丝睡袍。这 300 套被国内外誉为"唐装内装"的女式真丝睡袍,采用了百分之百的丝绸面料,均装饰有三到四种取样自中国传统服饰文化的胸花,应用了当时国际最先进的防收缩、抗皱、免烫的独创技术,并且制作工艺中有一半是纯手工的,被认为是国际顶级丝绸工艺的代表作。

这两次代表中国丝绸最高水平的活动,进一步确立了万事利中国丝绸第一品牌的地位。

2002 年 1 月,万事利职业服装有限公司成立,万事利服装向更深远的方向发展。

沈爱琴是个完美主义者,她做事情,要么不做,若做一定要做到最好,做到极致。如果说 20 世纪 80 年代办那个小小服装厂的初衷只是沈爱琴想着为解决一批人的出路,那么随着万事利的不断发展壮大,她的视野也越来越宽广。而爱美,追寻美的天性,希望有更多的人享受丝绸服装美的信念,是让她一路坚持的动力之一。

为了能及时收集世界最新的时尚潮流和前沿信息,沈爱琴派专人驻守香港,她还经常出席丝绸行业重大的国际会议,既了解新东西,又不时推出最新成果。角色也从潮流信息的被动接受者,到世界时尚潮流的制造者、运营者。

万事利女装走的是一条现代时尚、商务化的品牌风格道路,以白领知识女性的干练、时尚、品位为底蕴,配以精致点缀,在简洁的基础上求新求变,力求品牌的特色,追求整体的协调统一,强调服装的系列性和相互的搭配性,适合女性随时出入各种正式或非正式场合,形成自己特有的风格。

在沈爱琴的努力和引领下,杭州女装成为杭州这座富有魅力的城市一张崭新的名片,中国服装行业的一大亮点。国际性、全国性的活动频频亮相西子湖畔,杭州武林路也成为中国著名的女装一条街。

对此,杭州市前市长茅临生曾说过这样的话:"杭州市为打造女装产业,坚持不懈地奋斗了 10 年,它的先行者,甚至奋斗了十五六年之久。万事利的沈爱琴就是杭州女装的开拓者、领头人。她从一穷二白开始,打造了一个产业,带动了杭州女装的发展和繁荣!这个老太太,非常了不起!"

沈爱琴的了不起,就在于她有一颗执着梦想的心。十多年前,她曾说过:"在我们这个服装大国里,还没有真正能够在世界上叫得响的服装品牌,万事利一定要在国际市场打响品牌,给中国服装挣回更多面子、更多的光荣。"

让全世界知道万事利,这是沈爱琴毕生追求的心愿。

## 小甲鱼大文章

沈爱琴有着异乎寻常的灵敏的商业触角,这似乎是天生的,

也有可能跟她后天长期观察与思考有关。

1994 年前后,笕桥镇出现了一股养甲鱼的热潮,面对 200 多元一斤的高价,很多家庭都养起了甲鱼,发家致富。这股风弥漫到万事利的职工们中间,你养我也养,上班偷偷交流养殖经验。由于不懂饲养技术,再加上家庭作坊式养殖,毫无规模可言,一旦遇到甲鱼发生病变等事宜,一点办法也没有。很多人身在厂里,心系家里的甲鱼,整天心不在焉,影响工作。

沈爱琴发现这个现象后,进行调查研究,了解甲鱼的行情和市场销售情况,她马上敏感地意识到这是个可以开辟的新市场。更何况当时杭州地区还没有一家工厂规模的甲鱼养殖场,而专业养殖场能有效控制甲鱼病害,降低饲养成本,预期经济效益非常可观,"钱"途似锦。

成立一家甲鱼养殖场,把职工中的闲散资金集中起来规模养殖,这样上班的人也不用整天惦记家里的甲鱼,可以集中精力搞好生产和管理,又不会影响收入,一举两得。

这个养殖场怎么来办呢?沈爱琴决定在内部搞一个股份制试点,采取自愿的方式入股,职工的钱和集团公司出的钱都一样性质。此方案一出,深受欢迎,职工们踊跃认购股份,几乎所有的中层干部都参与了认购。

那么,谁来负责这新生的养殖场?时任凯达公司财务经理的王云飞主动请缨,挑起这副重担。

由于这是万事利第一个内部股份制的下属企业,关系到每一位出资职工的切身利益,大家对一个搞财务的年轻人能不能搞好养殖,还是抱着怀疑的态度。为人低调,不善言谈的王云飞不理会这些闲言碎语,只顾一头扎进养殖场,开始紧张的筹建工作。

沈爱琴又派其弟沈柏林与王云飞一起,共同负责此事。

养殖场选址、规模设计、施工,一刻也不浪费,以最快的速度完成工程建设。

就这样,投资 500 万的养殖场没有举行任何仪式,悄悄开张了。实干型的王云飞从站出来挑担那天开始,就全身心扑在这份事业上,学习甲鱼养殖技术,请教专家,让自己从一个外行变成内行。

一只只种鳖买回来,放养到池子里,王云飞带领养殖场的技术员开始踏上一条艰辛的探索之路。

从书本知识到实践操作是有很大距离的,由于没有经验,王云飞他们不清楚买回来的个别种鳖带着病原体,结果发生感染,池子里每天都捞出好几只死鳖。刚开始,王云飞和其他技术员还没意识到问题的严重性,做了简单的防治,可结果不理想。

有一天,沈爱琴来到养殖场,听王云飞汇报说每天都有种鳖死,急了。

"你们赶紧给提供种鳖的厂家打电话,让他们马上派人过来处理,我在这里等着。肯定是把生病的种鳖卖给我们了,这事他们得负责。"沈爱琴皱着眉头说。

电话打过去了,一个小时不到,对方厂家就派师傅带着药过来了。经过一番检查,在池子里洒了药,说第二天就会好的,有问题随时可以与他们厂里联系。

"你们啊,就是太老实了。"沈爱琴婉转地批评了大家。

大家都惭愧地低下了头,一直在自己这边找原因,竟然没想过种鳖的问题。

沈爱琴对养殖场寄予了厚望,她多次过来,把心中的近期目

标和远景规划告诉给全体职工，让他们明白，这养殖场并不只是万事利为职工谋福利的一项副业，也不是公司单纯的利润增长点，而是一个新产业，一份新的事业，需要每个人的努力付出。

有这样的奋斗目标，职工们对待工作的态度就不一样了，感觉特别有奔头，做起事来特有劲。

在王云飞和全体职工的共同努力下，养殖场实现了当年养殖，当年出产品鳖的目标，利润可观，每位入股的职工都得到丰厚的回报。

时间到了1998年，市场发生了很大的变化，红火一时的甲鱼养殖不复往日盛景，很多养殖场坚持不下去，只好关门倒闭。

一直在思变的沈爱琴看到此情形，又有了新的思路，成立了万事利生物科技有限公司。根据她的战略部署，养殖场对资本和资源进行了重新配置和整合。

2002年，占地500余亩、投资3800余万元的万事利高科技示范园区在杭州余杭区落成，该园区集特种水产品工厂化养殖、种苗繁育、品种改良、水产饲料研究开发于一体，以集约化生产和高新技术改变传统的水产养殖模式，设立"万事利生物技术研究中心""超高密度封闭循环海水养殖场""品牌甲鱼及改良品种生态养殖基地""水产种苗繁育基地"等项目。

其实，这个园区沈爱琴最初选中的是下沙，有1000多亩地，她建议王云飞他们去那里买。结果，他们嫌下沙交通太不方便，就没有去。

多年以后，王云飞感叹他岳母眼光真的非同一般，特别有远见。他说："我考虑自身的实力，围绕自身的产业来，但我妈妈不这么想，她看整个地区发展的眼光，是非常宽广的。相比之下，我

104

们的眼界小了,也窄了。"

现任杭州海皇科技股份有限公司总经理的王志元对此也深有感触,他是 1979 年就进厂的老员工,沈爱琴一直对他非常信任,养殖场办起来后,他就奉老板之命,与王云飞一起,开创新的事业。

随着产量不断提高,原来的地方不够大,需要拓展,老板找他,商量往哪里发展。王志元清楚地记得,自己从钱塘江南岸到上虞,从北岸古堡一直到海盐一路过去,就是没有找到一块理想的地。沈爱琴说她在下沙看中一块地,让他们过去看。他和王云飞去看了后,都认为地方太偏,而且有一段路还是泥路,当即就否定了老板的建议。

沈爱琴一听否定的理由,就狠狠地批评了他们一顿,说目光太短浅。事过境迁,当年沈爱琴看中的那块地,现在已是下沙的核心地块,倘若那个时候拿下,那不知道升值了多少倍。

下沙的地不要,那就继续找,三个月后,王志元他们找到了余杭的这块地。

"我们跟老板汇报,老板就过来看。你现在看到的门口,那时候是没有大路的,只有一条很窄的小道。老板从东大门过来,四周都是稻田,我们劝她不要进去,她一定要走,就这样沿着田埂走。我们就跟着一起走,她让我们用脚量,一共多少步。我记得很清楚,大概是 900 来步,一步一米不到,南北东西,一共 500 来亩。她像个将军一样,用手一挥,说全部圈下来。我们一听,几个人都慌了,觉得是不是太多了?只要 100 亩就足够。说实话,我们真没有老板的战略高度。最后还是听她的话,整个圈了下来,老板实在太了不起了。"王志元由衷地说。

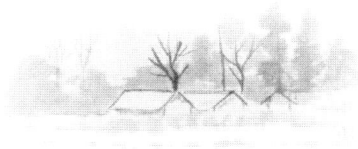

　　万事利高科技示范园区成立后,投资了 2500 余万元引进两台具有国际先进水平的颗粒饲料膨化设备,利用生物技术提升传统水产的品质和附加值。在已经掌握的特效微生物、有益菌等生物饲料研制技术的基础上,开发高效、安全的生物饲料,建设工厂化高密度海水养殖项目。生物饲料成为生物科技公司成立后新的增长点。特别是与中国水科院、青岛海洋大学等科研院所的技术合作,聘请行业拔尖人才成立"饲料技术研发中心",全力研究开发绿色、高效饲料产品,成效显著。其中,公司开发的海鲜饲料填补了市场空白,海水贝类饲料使贝类生产周期缩短三分之一,土地利用率提高 70%,填补了国内空白,深受水产养殖户欢迎。

　　公司生产的万事利、海皇等铭牌配合饲料、预混料、添加剂,涵盖了淡水养殖的鱼、虾、蟹、龟、鳗、贝类、沙蚕等二十几个系列,100 多个品种,畅销全国 16 个省市,出口韩国、日本、越南等国家。并通过了国家质量监督检验检疫总局的"无公害农产品标志认证",获得"杭州市名牌产品""浙江省名牌产品"等称号。

　　2003 年,万事利生物科技涉足生物医药领域,收购了注册资本 1500 万元的浙江省国投医药有限公司。该公司于 2003 年初获得国家药品食品监督管理局 GSP 认证合格证书,与国内外多家知名制药商建立了良好的合作关系,拥有一大批全国代理及省级代理品种,销售网络完善。这次收购,是万事利集团公司进军医药产业的一次尝试。

　　对万事利生物科技板块这些年的发展,现任杭州万事利生物科技有限公司总经理、杭州海皇科技股份有限公司董事长万浩元很有发言权。

　　从 2001 年 3 月 27 日到万事利,转眼也有 16 年了。刚到公司,沈爱琴就对万浩元给予充分的信任,给他发展平台和学习机会,把他当自己儿子一样培养,用了将近两年时间,使其基本形成一个职业经理人的框架。

沈爱琴让万浩元与王云飞搭档,显示了她的大智慧。万浩元以前是当老师的,口才特别好,善于交际,工作能力也很强,给人感觉很强势,刚好弥补了王云飞性格的内秀和温和。

事实证明,这是沈爱琴为生物科技配置的最好的合作团队。三个心胸宽广的男人组合成坚固架构,托起万事利生物板块的基石。他们时刻牢记自己的"身份"——万事利的主业是丝绸,所以他们极少在社会上宣传,而是在低调中一步步拓宽饲料王国的疆域。只在行业内宣传,作为乌龟饲料全国龙头企业,海皇占据了全国市场 30％到 35％的份额。

2008 年金融危机爆发,对实体经济影响非常大,特别是一些做出口制造业的企业,海皇的业务也受影响。沈爱琴就经常过来看看,和他们聊聊,让他们拓宽思维,改变思路。至于怎么调整,让他们年轻人自己想办法。

万浩元介绍,2010 年,整个科技园打造完成,招商 95％。2011 年,经过整合的海皇产业,确定以农业板块为突破口,规划上市。原计划是中小板,后来有些变化。2014 年,企业遇到一些不可抗拒的因素,公司定下来实施搬迁。这一年,由于搬迁,造成业绩波动、不稳定。董事会决定 2015 年直接上新三板,小试牛刀。

在工作中,万浩元与王云飞的配合,达到默契程度。按王云飞的说法是,他现在连公司报表都不用看,因为有那么多的监管制度在。他既不是董事长,也不是董事会成员,他只是股东会成

员,不参与管理。只要万浩元他们告诉他一年的收益,以后的发展思路就可以了。

王云飞说不参与,并不代表万浩元他们不去征求意见和沟通。面对沈爱琴和王云飞的信任,万浩元更加严格要求自己,从一个职业经理人,到职业企业家,一步一个脚印脚踏实地地走。他每星期都会腾出半天时间,跟王云飞交流公司的事。他认为,王云飞往后退了半个身子,隔着距离来审视这家企业,就能发现很多问题,可以及时反馈。就像他以前当老师,面对黑板,保持一米的距离,只能看到一米半。退到 10 米,可以看到 30 米的距离。他需要王云飞带给公司更加全面的审视角度,身在局中,反而看不清。

眼下,虽面临产业升级考验、企业成长艰难、战略方向选择、打造一支有实力的好团队等几大困难,但对未来,万浩元还是信心十足。2011、2012 年,公司引进大批硕士研究生,培养团队,让老员工激发创业能量,给新员工一个好的平台,做好职业规划,去磨炼,去成长。到 2015 年,全部派上了用场。

"2015 年、2016 年这两年,公司又进行了比较大的调整。现在基础打牢,战略方向明确,重新启动二次征途。"万浩元说。

面对今后公司的发展方向,王云飞说他们已调整了一个大体的方向,多走几年没关系,关键是不要走偏。

谁也没有想到,经过二十多年的发展,从一只甲鱼出发的养殖场,能做出生物科技这么大的一篇文章。这一切,与沈爱琴当初的英明决策是分不开的。

# 第四章
## 雄心绘蓝图

她在梦想的宣纸上
画下一只只环
一环紧扣一环
承载壮志的重量

以雄心为高度
审时度势
舍与得
失败与成功
智慧的抉择

在世人瞩目的光芒里
传承与交接
赋予使命新的意义
退隐，期待新的王者归来

## 好大一盘棋

2000 年,万事利集团终于完成了体制转换,成为一家股份制的有限责任公司,沈爱琴成为控股股东。没有了那么多的"婆婆",沈爱琴顿时感觉轻松不少,终于可以放开手脚,按自己的思路发展企业了。

但同时,她又深感肩上责任重大。毕竟,有这么多职工要吃饭,而每个职工背后是一个家庭。毫不夸张地说,企业好不好,这可关系到社会的稳定与和谐。

为了万事利的明天,沈爱琴做了一个让人出乎意料的举动,高薪聘请职业经理人李保荣为集团公司总裁。

李保荣何许人也?他年纪轻轻就是杭州市发改委副主任,是个非常有能力的人。

沈爱琴明白,改制后,自己某些方面还是有所欠缺。为了企业的长远发展,她不惜血本,找能人、用能人。

有了李保荣总裁的加盟,沈爱琴重新思考万事利下一步的发

展,如何把万事利做大做强,真正成为可以持续发展的百年企业,为职工提供更大的发展平台和空间,让自己承担更多的社会职责。她是个使命感特别强的人,在她的人生字典里,没有"平庸"这两个字。

商机,商机,沈爱琴每天像台高速运行的精密机器,时刻捕捉着各种商机。听闻杭州图书城因原有场地太小,急需换地扩张,但由于建设费用缺口太大,在四处寻找合作伙伴。沈爱琴获知消息后,马上意识到这是个好机会。

投资文化产业,看起来跟沈爱琴的丝绸梦不搭界,似乎是"突发奇想",但她却不认为这是一时的心血来潮。这些年,她一直在观察中国文化事业的发展,思考浙江省经济快速增长中文化背景和文化动力的关系。意识到这是一个投资文化产业千载难逢的好机遇,既有省委提出建设"文化大省"的发展战略,又有杭州确立打造"文化名城"的具体目标,出台了一系列支持文化产业发展的政策。企业家应有超前的眼光,投资文化,不仅能给国家上缴税款,给企业带来利润,更是一件提高国民素质、造福子孙后代的大好事,何乐而不为?

拿下文化商城这个项目,沈爱琴的手指在办公桌上轻轻地敲了敲。

经过友好协商,万事利集团、杭州市新闻出版发展中心、祥符镇庆隆村三方合资成立杭州文化商城有限公司,万事利作为主要出资人占控股地位,计划用1亿元的投资来打造一个集文化产品的销售、拍卖、展览和文化消费、娱乐于一体的综合性文化设施,承载起全国最大的出版物集散中心、中外文化产品信息中心、出版文化展示、交流、传播中心等复式功能。

2002 年 2 月 28 日,文化商城开始动工建设,到 8 月 8 日主体结构封顶,占地面积 45 亩、建筑面积达 5 万多平方米的大型工程,只用了五个月多一点的时间。

这个速度背后是政府相关部门的大力支持,他们专为文化商城的建设开辟"绿色通道",又有施工单位 800 多名建筑工人的日夜奋战,还有在幕后默默付出的万事利人。

杭州文化商城有限公司总经理许春波就是直接的参与者,他深知这其中的曲折艰辛。

为了赶在 2002 年 11 月举行的西湖书市开幕式前交付使用,文化商城最迟在 10 月 20 日必须交钥匙。可由于种种原因,在 2002 年的年初,那里还是一块空地。

怎么办? 如果不能如期竣工,那就是天大的笑话了。面对这个严峻的现实,沈爱琴火速任命许春波为总经理助理,所有事情直接向她汇报。

年轻的许春波被董事长委以重任后,全身心投入到文化商城的建设中。这基建任务实在太紧张了,他搞了个倒计时,天天泡在工地。为了在保证工程质量的前提下赶进度,每三天就熬一个通宵。既要紧盯工程建设中的各个环节,又要采购大型设备。发现什么问题,及时向沈爱琴汇报。建好一层就装修一层,同步进行。紧赶慢赶,终于提前两天,在 10 月 18 日顺利交付。没有人知道,在交付的那一刻,沈爱琴心里悬着的那块大石头终于落地了,而年轻壮实的许春波也长长吁了一口气。

10 月 28 日,杭州文化商城全部完工投入使用。此商城从立项到征地、设计、施工到竣工,只用了 10 个月时间,这个速度也是创纪录了。

11月7日,西博会西湖书市在杭州文化商城隆重开幕,盛况空前。省委副书记梁平波、副省长盛昌黎等省市领导参加开幕式。这届西湖书市一共4天时间,共迎来了近40万人次的客流,图书销售额达1320万元,文化商城一炮打响。

沈爱琴花一亿元做了一本书,这样的胆识不是谁都有的,她成功了。

2004年6月,杭州文化商城又出大手笔,兼并了华东规模最大、门类最齐全的杭州电子市场,将电子出版物媒体资源与纸质出版物媒体资源整合为一体,实现良性互动,成为浙江龙头、华东第一、国内一流、面向世界的图书和电子出版物集散中心,是杭州乃至浙江省文化产业的标志性工程,也是万事利集团的骨干企业之一。

几乎同时,万事利又做了一件令业内注目的事,收购了上海联华合纤26.26%的股份。

其实这件事万事利已暗中悄悄运作了将近一年,谈判了近半年,于2004年6月28日正式签下合约。在谈判过程中,沈爱琴和万事利用自己独特的企业文化、理念、方针和运作机制,让对方折服。而万事利团队以高超的谈判艺术和优秀的专业水平,被经济学界评价为"万事利团队在收购行动中既有胆识又有眼光,在严守原则的同时也保持着灵活性。可谓智勇兼备,游刃有余"。

联华合纤是一家拥有16714.48万元股本(其中900万元A股,3600万元B股)的上市公司,但该公司已经连续三年亏损,被上海证券交易所ST(特别处理)。沈爱琴之所以看中它,是经过深入调查研究的。首先是此公司注册地在上海,离杭州近,便于管理,也有助于树立公司形象。其次是员工不多,负担轻。还有债务也较少,主营业务与万事利的主营业务有一定关联。联华合纤还拥有从德国、英国、美国、意大利、比利时和日本引进的先进设备,生产、加工和销售聚酯长丝、超细纤维和仿真丝织物及聚酯切片,有利于万事利的产业整合。另外,联华合纤拥有 60% 股份的联华大厦是一幢 26 层的商住楼,总建筑面积约 26000 平方米,结构已封顶,但因资金问题停工待建已近 6 年。考虑到该大厦位于上海市黄浦区,该地段地理优势明显,只要对此楼重新注资改建,短期内就能获得显著的收益。

收购成功后,上海化纤集团的老总握着沈爱琴的手说:"我再也不敢在你'企业家'的称号前加'农民'二字了,你和你手下的精兵强将不仅是企业家,还是经济学家。你们太优秀、太专业了。联华合纤交到你们手上,一定会起死回生,柳暗花明。"

采取资本并购的方式进入上海,这是沈爱琴面对万事利这盘大棋布下的一枚棋子。拥有一家上市公司,就等于拥有一个在资本市场运作的平台,有利于万事利的低成本大规模超常规扩张。另外,万事利此次并购,无疑在社会上做了一次很好的免费广告,对提升企业的整体形象和社会知名度大有益处。

2005 年 5 月 27 日,国务院国有资产监督管理委员会批准万事利集团收购联华合纤的《股份转让协议》。

按计划,万事利将下属的杭州文化商城有限公司注入 ST 联华,将上海公司的主营业务逐步转为以房屋租赁、图书批发与连锁零售、印刷、出版发行、版权贸易和电子商务等为主要内容的综合文化产业。这样可以避免上市公司出现不可预测的问题退市或停止运行,危及母公司丝绸纺织和服装等主导产业的正常运营。

停建 7 年的联华大厦经过重新注资建设后,从 2005 年 6 月起更名为万事利大厦,并开始正式对外销售。

后来,由于万事利所持股份过低,不宜注入集团优质资产,再加上其他复杂因素,万事利退出了第一大股东位置,转而寻找其他上市方式。

这是万事利第一次试水证券市场,熟悉了上市公司运作的方式、进入途径和规则,为以后海皇饲料的上市奠定了基础。

2005 年 6 月 6 日,万事利斥资 8038 万元收购了杭州市第四人民医院 65% 的股权,首开中国民营企业收购国有医院的先例。

7 月 3 日,万事利集团和杭州市财政局组建的杭州市第四人民医院有限公司正式成立。这是沈爱琴布下的另一枚"棋"。

在收购杭州市第四人民医院之前,万事利已涉足医药产业,办起了万事利医院。

2004 年 8 月,经杭州市江干区卫生局批准,万事利医院正式成立,业务用房面积 11500 平方米,一期床位 100 张,后增加到 150 张。这是一家以骨外科、妇科、产科、医学康复科、高压氧科为特色的综合性医院,是浙江省和杭州市医保定点医院,江干区农村新型合作医疗定点医院。

沈爱琴有办医院的情结。

这情结既源于她以前当过赤脚医生,那时候走街串巷为老百姓治病,条件非常艰苦。她深切体会到老百姓缺医少药、看病难、就医难的苦处,因此做梦都想创办一家医院来救死扶伤。还源于她当过笕桥医院的院长,是她在浙江省率先建立了农村合作医疗制度,培养了笕桥公社 50 多名赤脚医生。更因为她生性良善,深知老百姓看病难。特别是有时候去医院,看到有些病人因没有床位,睡在过道和厕所门口,心里是说不出的难过,暗下决心,等以后有条件了一定要办所医院。

当万事利医院批复成立,沈爱琴非常开心。当然,除了情结之外,还因为医疗产业是一个前景广阔的朝阳产业。从企业的层面讲,办医院,社会价值高于经济价值,用户价值高于生产价值。沈爱琴觉得值,因为这是一个优秀企业家该承担的社会责任。

杭州万事利医院位置就在万事利集团公司旁边,虽说这规模最多算是一家区级医院,但沈爱琴对它的定位却很高。她想做专业的、有特色的专科医院,计划引进世界一流的心脏外科设备,并请美国一流的心脏外科手术专家定期来万事利医院出诊。

这是沈爱琴的美好愿望。

如果说万事利医院规模太小,沈爱琴想实现那些美好的愿望难度太大,那么杭州市第四医院情况就不一样了。这家医院是杭州市属二级甲等综合性医院,拥有卫技人员438余名,其中高级职称者61人,有一批知名专家,医院房屋面积25456平方米,开放床位380余张,设备先进,设施完善。

作为收购条件之一,万事利还必须在钱江新城新建一家二级甲等医院。

沈爱琴似乎看到了不久的将来,万事利在医疗和药物流通领域策马奔腾的样子,不禁开心地笑了。

只是让沈爱琴遗憾的是,花了她无数心血,把杭州市第四人民医院改造成功,旧貌换新颜,因国家政策原因,政府又把医院收了回去。沈爱琴深明大义,只好忍痛割爱。

杭州万事利医院后来也因政府拆迁原因,顺利转让。不过在开办期间,为解决周边老百姓看病难问题,沈爱琴尽了自己的

努力。

　　沈爱琴办医院的梦想虽然最后在现实的沙滩上搁浅,但她勇于尝试的精神值得我们每一个人学习。

　　另外,沈爱琴还涉足房地产业,相继开发了笕桥花苑,浙江桐乡南方家园建材商贸城、青岛胶州湾南方家园建材五金装饰城、山东日照,浙江建德、德清,安徽马鞍山等项目,为公司寻找新的发展空间。

## 机会给有准备的人

　　2008 年 8 月,举世瞩目的第 29 届奥林匹克运动会在首都北京举办,在国家游泳中心水立方、顺义水上公园和青岛等所有水上项目的颁奖仪式中,由万事利设计制作的青花瓷系列颁奖礼服惊艳亮相,吸引了全世界的目光。

　　此款礼服的设计灵感取自闻名于世的中国青花瓷器,运用中国传统乱针绣形象逼真地再现了青花瓷的晕染效果,鱼尾裙的廓形设计凸显了中国女性的柔美曲线与时尚元素。半掩合的披肩,点缀古朴典雅的青花,与裙角上的蓝色小青花遥相辉映。整件礼服的白色底采用素库面料,几乎看不到线头的接缝,甚至看不出绣点和针眼在哪里,给人感觉就是一幅描好的精美图画,经过反复刺绣上色,穿在礼仪小姐身上,如同一件件会行走的青花瓷精品。

万事利推出的奥运颁奖礼仪服装都是纯手工制作,每道工序都是倾情打造。其中,刺绣是最为精细的一个步骤,细小花纹和线条都是一针一线勾勒出来的。选料上,普通丝绸面料只要2道工序即可完成,而万事利则使用了经过12道工序制作的双面料,使颁奖礼服显示出立体的质感和鲜亮的光泽。

在这届奥运会上,除了颁奖礼服,万事利还获得了奥运会特约经营商资格,在全国的丝绸行业中,只有他们一家有资格生产印有奥运会相关图案的产品。

说起万事利跟奥运会结缘,这跟沈爱琴的胆识和目光是分不开的。

2001年北京时间7月13日22点10分,北京申奥成功的消息瞬间传遍中华大地。正在看电视的沈爱琴脑子里马上闪过一个念头,申奥成功对中国传统文化的代表——丝绸来说,是发展的大好时机,万事利绝不能错过这样千载难逢的机会。

第二天一早,沈爱琴在总裁办公室召开了一个有关奥运会主题的会议,大家都认为若能抓住这个机会,对企业的发展大有益处。

沈爱琴说:"不管最终结果如何,我们先要提前做好准备工作。"

那个时候,奥运会的标志、吉祥物连个影子都没有,可万事利

的研发设计部门已经开始悄悄进行研究工作了。

2004 年,北京奥组委成立,开始筹划公开招标奥运会特许商品生产商。万事利提供的相关方案得到了奥组委的认可。几天后,奥组委派了一个考察组过来,对万事利进行资格审查,并下发文件通过。

2005 年 7 月 1 日,杭州开始进入酷暑,万事利集团突然接到北京奥委会的通知,要集中开会。到了才知道,是有关奥运会吉祥物的图案。

会上,北京方面明确提出两点要求:第一是必须严格按照奥运会产品要求的质量生产;第二必须要在保密状态下生产。包括不能泄露图案,不能让无关人员看到。主要是担心有人会去抢注商标。万事利集团也向组委会提交了他们制订的严格保密措施计划,并明确了责任人。

自从接到图案开始,这项严格的保密计划就正式启动。回到杭州后,万事利立即组织设计。设计好产品后,又第一时间送到北京审查。北京方面对产品的要求非常高,万事利集团申报了 500 多个品种,只批准了 30 多个品种。所有设计组人员只有组长控制图案,而设计人员电脑上的软驱、光驱、U 盘全部拆除、封存。

万事利精选了一批技术精湛的工人,对他们来说,这批产品很重要,要求高,特别赶时间。所有工人只能进车间,不能出车间,工作服不能有口袋,不能带包,吃住就在厂里,实行封闭性生产。

这次万事利推出的产品是 6 个品种的丝绸方巾,6 个品种的丝绸贺卡。他们特意挑选了最好的素绉缎,用最好最细的印花印刷,技术难度相当大。因为丝绸比较容易晕染,分色难度大。尽管如此,他们仍然把五环的红色和福娃的红色都做了区分,总共用了 29 种色彩。

刚刚生产完第一批产品后,北京方面突然又说图案要改动,所有产品立即报废。改动、再改动,最后确定的时间是 7 月 7 日,要求 9 日交货,时间实在太紧张了。所有工人加班加点,终于在规定时间内,把 1200 条丝巾和 2000 多张丝绸贺卡按时送往北京奥运吉祥物物流中心封存。

从 6 月份开始,厂里已经在生产一些其他的奥运产品,所以一开始,工人们并不知道这批产品的性质。直到 7 月 11 日晚上,当万事利的员工在收看中央电视台的 2008 年奥运会吉祥物发布仪式时,才惊讶地发现这几天自己辛苦赶制的这些丝巾上的图案居然是最高机密。

在与全国 30 多家企业应征奥运奖牌绶带设计之前,万事利设计人员对历届奥运会奖牌绶带进行了反复研究,针对奖牌绶带普遍存在的质地粗糙等问题,提出具有颠覆意义的改良设计方案,在百年奥运会历史上第一次采用丝绸做奖牌绶带。在机器切割的条件下,保持绶带边缘柔软、平整、不松散,让整体保持光一样的亮泽度。当万事利把这份设计精美、独特的奖牌绶带提交上去,一下子就吸引了众评委的眼光,成为北京奥运会唯一指定的奖牌绶带制作企业。

事后,沈爱琴曾对采访她的媒体记者说:"请不要以为奥运奖牌绶带只是一个不起眼的细节,它和奖牌一样,是运动员所获得荣誉的一部分,它代表了每个获奖运动员在登上领奖台之前所走过的那些道路,是必不可少的。万事利为北京奥运制造了 3200 根奖牌绶带,其中有 3000 根和'金镶玉'一起挂在了获奖运动员

胸前。每个运动员都带着奖牌和中国丝绸绶带回到自己的国家，在他们收藏自己一生荣誉的时候，也一并收藏了中国的文化。因此，在我看来，这些作为中国文化载体的丝绸绶带，也承担着并将完成它们传播中国文化的重任。"

2007年5月，北京奥组委召开新闻发布会，在全国征集奥运颁奖礼服设计。消息传来，万事利派出最有实力的设计师参加。面对数百家服装厂的竞争，为了满足奥组委在"设计和表现手法上应突出'中国元素、民族特色、时代特征'这一要求"，万事利的设计团队不分昼夜，参考各种资料，设计一份份图稿，交出自己最满意的作品。2007年7月，北京奥组委把制作奥运会2个系列颁奖礼服的任务交给了万事利，于是就有了"青花瓷"和"粉红"系列奥运礼服惊艳世界，让世人对万事利这个品牌留下深刻的印象。

尝到了奥运会带来的"甜头"，万事利把目光紧盯在一次次的盛会上，提前做好有关准备工作。每次面对盛会，万事利设计团队会根据会议的性质开发不同寓意的新产品，创意无限。

2010年5月1日至10月31日，第四十一届世界博览会在上海隆重举办。这又是一场世界级的盛会，自然少不了万事利的身影。

在这次盛会上，万事利不仅是特许生产商，还是中国民企馆、吉林馆的合作伙伴，并制作了《2010上海世博会参展国政要金石印谱》。这件融合了丝绸艺术与高科技的艺术品，将参加世博会的各国政要的头像，以金石印谱的方式，运用高科技手段极其精细地印制在丝绸上，非常的生动传神，令各国政要赞不绝口，并获上海世博会博物馆永久珍藏。

随后在2010年11月举行的广州亚运会上，万事利开发的

"亚运彩"成为每座场馆一道独特而绚丽的风景线。

到了 2011 年 8 月,在深圳举办的世界大学生运动会上,万事利的"志愿 U 彩"、聚彩、三角巾无处不在,十多款丝绸礼品吸引了众人的视线。

2011 年 10 月 11 日,在杭州黄龙体育馆的第八届残疾人运动会开幕式上,由万事利精心设计定制的"梦想蓝"礼服与现场观众绑在手腕上的七色"爱心彩",成为赛场外的热点。

跟之前所有参与的盛会一样,为了这次在杭州本地举行的残运会上,让丝绸之旗再次飘扬,万事利人早早就准备起来。从2010 年 12 月开始,从主题概念、设计、打样到成衣,每个环节都经过了反复的调整与修正,最后选定了以钱江潮头浪花作为花样元素的"梦想蓝"。为了完美演绎潮头的品质,设计师团队更是进行了 200 多次的修改,才最后定稿。

为了让东道主浙江人觉得"脸上有光",万事利不惜血本,一款"梦想蓝"造价就达到 8000 元,一共 280 套,将总价值超过 200万元的全真丝"梦想蓝"三个系列礼服全部捐赠给残运会。

另外,万事利为残运会设计的五款"爱心彩",共 20 万条,成为杭州城一道靓丽的风景线。

万事利的身影一次次出现在世界级盛会上,品牌的知名度呈几何级上升,形成一个特别的"万事利现象",这是沈爱琴最高兴看到的结果。

## 丝绸与文化的碰撞

当柔软的丝绸与丰厚的文化碰撞,会迸发出怎样耀眼的火花? 如果说,沈爱琴的万事利是 1.0 版,那么由屠红燕和李建华掌舵的万事利就是 2.0 版。

新一代掌门人与老一代掌门人之间最大的区别,恐怕就是思维方式吧! 2003 年以后,随着互联网的普及,各项变革因势而动,万事利开始走上一条从制造型转向文化型的升级之路。

把丝绸作为新材料来做,赋予其文化的灵魂,这样它的附加值就完全不一样,这是万事利新一代掌门顺势而为的选择。

举个例子,2017 年 4 月 7 日,万事利单价最高的一款刺绣披肩"晨曦",在杭州天城路的万事利展厅被一名顾客当场付现金带走。

一条刺绣披肩,标价 88800 元,很多人以为这只是商家营销的噱头而已。可事实告诉我们,它就值这个价。先来看看这"晨曦"与众不同的地方:以大气的灰为底色,披肩上的设计灵感来源于珍美钻石,散落的宝石与叶片宛若"囍"字精绣于丝缕中。采用大师级微针刺绣,由从业40年的资深绣娘耗时6个月完成。

看着它,我忍不住写下这样的诗句:

"黎明,收集散落大地的宝石,以叶的形象,暗示生命喜悦。

"从初秋到深冬,采霞光作线,拿捏月光之针,在丝缕间游走,举重若轻。

"无与伦比的热爱。

"只为成为这独一无二的华贵与璀璨。"

在我眼里,"晨曦"不是一条披肩,而是具有唯一性与独特性的艺术品。这是有温度有情感的作品,与机械化流水式生产出来的完全不同。因为是纯手工制作,这世上不可能有两条一模一样的"晨曦",哪怕是相同的材质,相同的图案,由同一个人刺绣完成。

为什么?

原因很简单,刺绣人在一针一线中所倾注的思绪不可能同步复制。想想宇宙一秒钟就有无数裂变,更何况人在不同时间段的情绪。

既然是独一无二的艺术品,那你还觉得这个价高吗?

在当下,最值钱的恐怕就是人脑袋里的创意。一个好的创意,就是一根魔杖,可以点石成金。在这方面,沈爱琴不得不承认年轻一代的优势。她有大局眼光,能看得很远,也有超强的捕捉信息的能力,但互联网的出现,还是让她有种力不从心的感觉。她习惯了"实",比如买下一块块土地,开一家家分公司,赚也好亏也罢,不管是熟悉的还是陌生的领域,她都想去尝试,去涉足,梦想打造一个万事利帝国。

125

2003 年,李建华"空降"万事利集团,担任常务副总裁、董事,杭州万事利进出口有限公司总经理。来万事利之前,他曾担任江苏苏豪服装厂总经理、深圳东南丝绸有限公司总经理之职。2004 年 2 月,李建华正式担任万事利集团总裁,全面负责集团的日常运营和管理。

李建华是位学者型的老总,学丝绸专业出身,多年来从事丝绸文化的研究和传播,也是第一位登上百家讲坛的企业家。显然,在当时的万事利,李建华是个"另类"。按他的玩笑说法,他是个"搅局者"。当然,"搅局"的目的是为了万事利的健康、长远发展。

沈爱琴对李建华的才华很欣赏,不只是因为李建华是她的小女婿这个身份。她衡量人才的标准,归根结底只有一条,那就是谁能给企业带来生机、带来效益,对企业发展有好处,谁就是人才。所以,在用人上,沈爱琴一向举贤不避亲,你有能力就给你平台,至于能折腾出什么成绩来,看各人本事。她清楚,无论是自己还是接班人屠红燕,都不是丝绸专家,但李建华是。他一直研究丝绸,并有多年企业管理经验,他的加入,定能给万事利带来不一样的气息。

这是一个需要磨合的过程。

李建华刚到万事利时,在万事利庞大的产业链里,只有一个厂跟主业丝绸有关,叫丝绸印花厂,其他旗下众多的纺织类子公司都是跟丝绸主业没有任何关系。当李建华和屠红燕提出文化加丝绸这个概念,要做文化创意产业,要把那些亏损的和丝绸主业不搭界的子公司进行剥离、整合时,沈爱琴第一个反应是"虚",这跟万事利原有的"接地气"的气质不符。

文化,本就是一个"非常广泛和最具人文意味的概念",很难对其有一个准确或精确的定义。对文化这个概念的解读,东西方的辞书或百科中倒有一个较为共同的解释和理解,即"文化是相对于政治、经济而言的人类全部精神活动及其活动产品"。明知困难重重,可李建华还是坚持要去做,因为他明白文化的含金量和附加值,那是万事利未来必须要走的路。更何况,丝绸文化源远流长,而创意本身就有无数的可能性,两者结合,有太多的文章可以做。

沈爱琴是开明的,年轻人的思维方式虽然跟她不一样,但她选择了信任和支持。这一点,特别让李建华感动,毕竟他是女婿。而事实证明,李建华也没有辜负沈爱琴对他的信任,他对万事利现状做出精准的判断,及时调整万事利原有的发展策略,避免这艘大船在市场的大风大浪里遭受重创。如 2008 年,席卷世界的美国次贷危机爆发前半个月,正在美国出差的李建华以过人的商业敏感察觉到美国经济要出大事,就果断地将外贸产品报价全线下调 5%,抢在危机爆发前完成全年订单计划,及时收到订单预付款。不久,美国次贷危机爆发,重创全球经济,商品价格全线暴跌,万事利因为李建华的敏锐与果断,躲过了这场危机。

2005 年,杭州万事利丝绸礼品有限公司成立,李建华任董事长,组建新的团队。并在此基础上,成立了杭州万事利丝绸文化有限公司,专注丝绸文化创意产业,并将其作为万事利的主业来打造。

也就从这一年开始,万事利开始走上了实业转型文化,再造丝绸商业模式,探索新的丝绸之路。

现在万事利拥有 100 多位来自中国香港、法国的自主设计

师,涉及 10 多个丝绸文化创意产品门类开发,依托丝绸行业国家级企业技术中心的研发实力,每年个性化新产品设计量达 3000多项,成功为北京奥运会、上海世博会、北京 APEC 峰会、G20 杭州峰会等多个世界级盛会提供过丝绸文化创意产品的设计生产服务,开创了"盛会丝绸",形成了奇特的"万事利现象",极大地提升了万事利品牌的附加值。

在公司转型升级的道路上,沈爱琴为屠红燕和李建华创造了许多有利条件,用她的方式给予最大的支持。

十多年来,万事利丝绸文化有限公司通过事件营销、个性化定制,配以强大的设计团队、文化载体,切合客户需求。再加上专业的销售团队做团购,不断推出新的创意,开发出新产品,目前已有几千个品种。你可以在这里找到中国传统文化的元素,也能看到年轻人喜欢的星座等现代元素。根据不同消费群体,开发不同档次的产品。而每款产品,都以文化为载体。像祈福彩红围巾,上面有万事如意的花纹,蕴含双福临门的寓意。走运彩,听听名称,就让人心生欢喜,谁不想走运呢?这些产品都供不应求,当传统丝绸变成文化丝绸,结果就截然不同了。经过多年的摸索,万事利丝绸文化有限公司形成了以团购为主,零售为辅,线上线下联动的商业模式。

G20 峰会后,万事利的品牌效应得到了充分释放。推出的相关丝巾、手包等产品,一个多月时间销量超过 10 万件,平时随买随提的产品开始供不应求。

到 2016 年年底,丝绸文化有限公司市值已达到 10 个亿,目前正在做上市前的准备工作。

已逐步交出企业管理权,放手给女儿、女婿的沈爱琴欣慰地看着这一切。她惊叹中国丝绸文化的博大精深,她自己本身就是个爱丝绸成痴的人,只不过一直做的是传统丝绸产业,对丝绸文化创意这一块很陌生。

确实,以前丝绸给人很容易皱、价很高的印象。可事实上,丝绸是最环保的,最健康的,因为蚕特别敏感,闻到农药就会死。丝绸的睡衣穿过,别的都不想穿了。丝绸的被子盖过,就再也不想换了。沈爱琴认识到,经典丝绸、时尚丝绸,都需要现代的高新技术与丝绸的文化相结合。弘扬丝绸文化,让更多的老百姓知道,这是万事利的使命之一。

对中国丝绸文化的深度挖掘,让万事利人从历史中发现了丝绸艺术的价值,发现了符合当代审美的元素,学到了很多的经验,在丝绸艺术上的路也越走越宽。注入文化内涵,以艺术价值为切入点,大幅提升丝绸产品的延伸价值,于是就有了万事利新的精彩。

"丝绸是有生命的",对这句话的理解,如果说沈爱琴想到的是,"丝绸是由蚕茧织成,蚕是天虫,从小蚂蚁这么大,25 天完成一个循环"。那么屠红燕和李建华关注的则是蚕的生长因子,25天能增大十万倍,倘若把生长因子提取出来,用于化妆品,那"钱"途不可估量。这样就有了新领域的研究开发,有了万事利的会呼吸的蚕丝被、真丝美容枕套、蚕丝面膜、桑叶养生茶等等健康系列产品。

通过高科技,改造品质。借助文化,满足新的消费群体需求。以开放的心态,改变企业传统的经营观。李建华提出的"文化＋丝绸＋",后面那个"＋",就为小众的丝绸产品打开了广阔的空间,完全颠覆了惯有的思维模式。

当丝绸与折扇携手，于是就有了轻风明月的古雅；当丝绸与精美的瓷器结合，那是精致生活的完美呈现；当丝绸与美酒在一起，未举杯人已醉；当丝绸与茶叶对视，自然的风悄然拂过梦的原野；当丝绸与邮票结合，你会发现这份礼物正合多少人的心意。

其实没什么不可以，对今天的万事利来说，丝绸，早已迈出了全方位跨界合作的步履，这是 2.0 版万事利最引人瞩目的创举。相信在不久的将来，在我们能想到和还没想到的领域里，都会有万事利丝绸那一缕柔美的身影。

做世界丝绸第一品牌，让全世界的人都喜欢中国丝绸，了解中国的丝绸文化，这是沈爱琴毕生的心愿，也是万事利第二代掌门人共同的愿景。

## 丝绸女王的退隐

2012 年 1 月 8 日，在万事利集团举行的"铭记三十六·蝶舞天下"年度盛典上，一身灰色小西装，干练优雅的屠红燕捧着一束鲜花缓缓走向母亲沈爱琴。

此刻,她的心情是复杂的。自从 2005 年开始,她就担任万事利集团董事局执行主席,经过七年的"观察期",她终于通过了母亲的"考核",在 2012 年 1 月 1 日,正式接任万事利集团董事长之职。

这是权力的交接,是精神的传承,更是一份沉甸甸的信任。屠红燕深知万事利对母亲的重要性,那是母亲另一个亲手拉扯大的孩子,是母亲精神和事业的全部寄托,是母亲看得比自己生命还要重的东西。现在,母亲把这一切交了出来,交到她的手上,这是一种怎样疼痛的割舍和深深的爱?她深感肩上的重任,万事利不仅仅是母亲一生心血的结晶,还担负着几千人就业和每年上缴国家巨额税款的任务,它更关系着中国丝绸的未来,维系着中国几代丝绸人重塑辉煌的梦想。当她接过传承的权杖,就只有一个选择,那就是让万事利变得更好。

看着一步步走向自己的女儿,沈爱琴的眼眶湿润了。她仿佛看到 36 年前,自己担任笕桥绸厂厂长那一天,关注的目光再也没有离开过这家企业。从昔日的丑小鸭到今天的白天鹅,在逝去的光阴里,她付出的不只是心血,还有对家庭的愧疚。她错过了两个女儿很多的成长节点,她深爱着她们,可为了给工厂找条生存之路,为了那么多工人有饭吃,她只能把爱埋在心底,忍痛减少陪伴女儿的时间。她关心她们的学业,一向严格要求,和天下所有母亲一样,她希望女儿们将来能够成材,做对社会有贡献的人。

知女莫若母,她太了解两个女儿的个性,一个温婉内向,一个活泼精干。两个孩子都一样的善良、孝顺,这是当母亲最开心的地方。她明白,大女儿红霞适合"守",而小女儿红燕适合去"闯"。所以企业改制后,她才让红霞辞去公职,负责杭州文化商城这一

块。文化商城是以商业物流为主要经营模式,每年须完成集团下达的利润指标。她为红霞配备了得力的助手,这些年,文化商城一铺难求,物业出租率一直保持在 100%。

对红燕就不一样了,1994 年就进万事利。在改制之前,她从没有考虑过接班人,只是尽力培养年轻人,包括自己的女儿。她让红燕从最基层做起,送国外半工半读。熟悉和了解生产、管理、经营、销售各个环节。常驻香港,了解世界最前沿的丝绸信息和发展趋势、最新的时尚流行信息。从兴趣到热爱,她引导红燕爱上丝绸,爱上丝绸的高贵与神秘,爱上丝绸事业。她像一位技艺精湛的玉雕师,面对一块璞玉,一点点将其打磨成晶莹剔透的美玉。

正因为有了前面这么多年的锤炼,当企业完成改制后,红燕成了最佳的接班人选。但对沈爱琴来说,这个接班人,不是简单地承接家族产业,她应该要有更远大的奋斗目标。万事利也不再是过去那个小小的笕桥绸厂,它已开启了中国丝绸的新时代,是中国丝绸的一面旗帜。同时,万事利还担负着中国丝绸文化的传承者身份,承担着重塑中国丝绸辉煌的历史使命。未来的掌门人,应该是中国丝绸的传承人,具有中国丝绸传承人的品质和气度。当她在心里确定红燕为接班人,对女儿也有了更高的要求。

她是矛盾的,有时候希望女儿是搏击长空的鹰,去历经风雨;有时候她又觉得自己像只老母鸡,舍不得女儿太辛苦。可一想到万事利的明天,想到自己在慢慢走向衰老,她必须放手。

这几年来,她有意识地放权给女儿、女婿。虽然,这中间有太多的磨合,她的想法,年轻人不理解。同样,年轻人的想法,她也无法完全接受。她们都想说服对方,可到最后,终究是她这个做母亲的妥协。无论分歧多么大,她再生气,主动打电话的还是她。她心疼女儿,实在不想让女儿也受这样的苦和累,办企业真的太不容易了。可她又明白,企业发展到一定程度,就是社会的,身为企业家,必须承担起这份责任。让她欣慰的是,她选中的接班人已褪去青涩和稚嫩,一天比一天成熟。

这时,沈爱琴又想起了一位朋友。当年,如果没有他的一番话,恐怕自己还没有想到真正退隐。

那位老朋友劝她放手,说现在社会发展太迅猛,信息大爆炸,不像过去,现在做企业太累,各种风险防不胜防。年轻人有知识,反应快,脑子灵活,更适应这个瞬息万变的新时代。把担子交给年轻人,让他们去创造发挥,才是正道,毕竟她也不年轻了,该好好享受自己的生活。急流勇退,才是明智的选择。

老朋友的话让她沉思了很久,万事利就是她的命根子啊,她此生早已以身许企业,如果她从万事利退出来,就意味着从此退出了历史舞台,这是她难以接受的。她从来没有想过交出手中的权杖,是因为她觉得自己并不老,而红燕还太年轻,资历尚浅。她的脑海里还有太多的宏伟蓝图要去实施,她坚信自己有这个能力带领万事利再去创造一个又一个辉煌。可另一个方面,她承认老朋友的话有道理,她和女儿、女婿在经营理念上时不时有冲突。她当惯了万事利的"大家长",一直管得太细,所以她很累。可现在,她发现那老一套管人的方式对那些年轻人似乎没什么用,代沟不可避免。

退,意味着她交出了自己的整个世界;不退,万事利就不能更快成长。有她在,女儿就会产生依赖思想。再细想,虽然她现在身体很好,精力旺盛,可再过十年呢? 难道她还能带着万事利去

133

冲锋陷阵？面对问题，两代人有不同的方式和办法。丈夫也劝她，辛苦了这么多年，现在该好好享受生活了。孩子们有知识、有能力，更能适应这个时代，让他们去干吧！

终于，她说服了内心另一个自己，为了万事利的发展，为了中国丝绸的未来，就把舞台让给年轻人去闯吧！

为了这件大事，她专门开了两次家庭会议，大女儿、大女婿对母亲的决定没有任何意见。当然，她也不能委屈了红霞夫妇，手心手背都是肉。她这样安排，从大处讲，是为了中国丝绸的明天；从个人情感讲，是希望万事利能一代代传承下去。根据不同人的能力，放在适合的位置，这是她理性的选择。

"妈妈。"屠红燕含着热泪，把鲜花献给心中最敬爱的母亲，给她一个深深的拥抱。

母亲接过鲜花，在女儿脸上轻轻一吻。

现场，掌声雷动。

现在，我们回过头来看，沈爱琴对屠红燕的七年"观察期"，其实是一个母亲扶女儿上马后，又送一程的心情。而屠红燕用实际行动，交出了一份漂亮的答卷。

2005年，三十出头的屠红燕就被推上万事利集团董事局执行主席的位置，她就暗下决心，一定要将万事利的事业发扬光大，带领万事利走上一条转型升级的路。事实也是如此，此后万事利连续多年入围民营企业五百强。

在经营发展中，屠红燕加大企业的品牌推广力度，加强品牌合作，打造万事利的品牌战略。万事利品牌是万事利科技水平、产品质量、服务水准、管理经验、营销策略、市场信誉、企业文化等综合因素的凝结。在万事利服装品牌的建设上，屠红燕将它视为万事利发展的旗帜。

屠红燕深知,民族的就是世界的。很多人觉得丝绸没有市场,其实不然,这些年万事利一直致力于发掘中国丝绸的文化内涵,增加它的附加值,事实证明,它有着广阔的市场前景。公司每年不断推出创新产品,把丝绸个性化地做成工艺品。通过研发,丝绸版的《孙子兵法》《论语》"清明上河图""姑苏繁华图"等精品长卷相继问世,被当作馈赠友人的精品。其中丝绸版的《孙子兵法》还被作为国礼赠送给美国前总统布什。全丝绸版全真丝印花精品《图兰朵》等被中国丝绸博物馆收藏。

为了集中全力做好主业,避免牵扯太多的精力,屠红燕还痛下决心,对不符合企业发展大战略方向的下属企业先后用出售或转制的方式进行调整。

这些年,丝绸主业以每年接近40%的速度持续增长,其他产业也保持稳定的年均增长率。万事利丝绸产业的品牌影响力、生产规模、经济效益、上缴利税,一直在中国丝绸行业名列前茅。

这是屠红燕实力的最好证明。

作为母亲,沈爱琴让屠红燕坐上万事利董事局执行主席这个位置后,她就有意识地把女儿推到前台,利用各种机会、不同场合,和屠红燕一起出现在公众面前。为了提高屠红燕的知名度,沈爱琴热心参与各大电视台的访谈节目以及各种论坛,她讲屠红燕作为新一代浙商所表现出来的对市场的敏锐,理念的创新,知识的渊博;讲屠红燕对丝绸的热爱,对这份事业全身心的投入。在任何一个公众场合,沈爱琴对女儿屠红燕的能力都给予95%的肯定,剩下的5%,她说让女儿自己去努力填上。

"我的女儿不是富二代,她们是创二代,要去创业,去创造新

的精彩。我也相信她们在未来,一定会有更大的成绩。我的女儿一定会超过我,我很有信心。"沈爱琴微笑着说。

"今天,我被任命为万事利集团董事局主席,万事利人将这份厚重的,有着 36 年历史的事业交到我的手上,我必将与你们一起,将它发扬光大。最后,我想跟大家说,让我们一起感谢丝绸,是丝绸让我们的生命发光,是丝绸让我们的生命拥有了柔软的力量!"屠红燕饱含深情地说。

沈爱琴一直微笑着看着女儿,母女俩相拥在一起,那是一种承诺,是无声的爱。

一代丝绸女王就这样完美谢幕,从此,她的头上多了一顶全体万事利人赠予的桂冠:万事利之母!

# 第五章
# 青出于蓝而胜于蓝

她伫立河岸
听黄河咆哮千里
激扬的浊浪，扑不灭
信念之火

从一个舞台走向另一个舞台
参悟空与满的玄机

回首望，中国丝绸的大旗
在世界舞台迎风猎猎
百感交集

## 强者的骄傲与失落

　　沈爱琴是个了不起的企业家,也是个伟大的母亲。为了万事利,她决定好好安排自己的退休生活,不再去公司,不给女儿、女婿增加困扰。不过沈爱琴很清楚,自己只是表面放手,心里并没有放下。

　　怎么放得下呢?这几十年来,她所有的关注点都在企业发展上,即使回到家里,满脑子想的还是企业。万事利就是她辛辛苦苦拉扯大的孩子,是她的生命,是她体现人生价值的载体。她一直紧紧握在手中,舍不得移开一点点视线,现在没有了,她想管,又怕适得其反;不管,又牵肠挂肚。以前,时间对于她来说,不是太多,而是太少。她为企业绘下一张张蓝图,要把梦想变成现实,每天排得满满的,一刻都不得空闲。一个操劳惯的人,突然闲下来,那种"空"让她无所适从。她的神思是游离的,会有瞬间的恍惚,可她又不能把这种情绪流露出来,只能在心底压抑着,一个人默默承受这份纠结与痛苦。

放下，这两个字，对任何人来说，都不容易。

为了转移注意力，沈爱琴和丈夫一起出去旅游，参加了一个老年团，游览欧洲十国。可她发现旅游团成员年纪太大，反应太慢，跟她的快节奏习惯完全不合拍，这让她很不喜欢。她不断请退休的老领导、老同事、老下属、老朋友到家里来坐坐，大家一起聊聊家常，喝茶吃饭。可人群散去之后，她还是感觉到内心的虚无，这个虚无让她有种莫名的恐慌。她依然像过去一样，主动去帮助别人。她用这种"忙"，来填充退出历史舞台后的"空"。

沈爱琴想找一个新的精神寄托。

一个偶然的机会，沈爱琴认识了几位书画家，萌生了学习书画的念头，她要走一条以文化养老的路。这个想法得到了家里人的大力支持。很快，画室装修完毕，聘请了两位书画老师，杨德余和周境尧。

沈爱琴是个与众不同的人，她学书画也跟人家不一样。

比如画家画山水，人物是点缀的，结果沈爱琴对两位老师说，这种画面见得多了，都画些老头子，老头子爬那么高的山，累也累死了。她喜欢年轻人，给人一种精力旺盛的感觉。还有，现在画山水很少画太阳。画太阳多是"文革"时期的画风，可沈爱琴喜欢画太阳。山水画主要是远看，不是花鸟，取景放大，是一种气势、意境，有些东西只可意会不可言传。沈爱琴不这样想，她认为花也可以画上去。她不讲究这些，就是按照自己的想法来，是个"霸道"的学生。

刚开始，杨德余和周境尧接受不了这种"外行式的指点"。后来经过沟通和磨合，他们认可了沈爱琴说的"要画让老百姓看得懂的画"这个观点。沈爱琴的意思是，书画高雅是高雅，但是老百姓欣赏不了,隔得太远。她认为,书画应该进入千家万户,要大众化。沈爱琴批评他们都是老思想,没有创新意识。两个大男人很惭愧,冷静下来认真想想,不由佩服起沈爱琴思想的超前性,因为她所说的很多东西确实符合当下的生活。

"你们不要摆艺术家的架子,要到最基层的地方去,不要学人家,要画自己的,笕桥老百姓家要户户进画,家家进字。"沈爱琴说。

对杨德余和周境尧而言,沈爱琴既是他们的学生,又是他们的老师。在相处的两三年时间里,这位老大姐用她的人格魅力和思想,对他们的人生价值观产生了很大影响。

每天早上八点,画室的门就开了。

沈爱琴若没其他事,她就会到画室来。画幅画或练练字,沈爱琴还会泡功夫茶给大家喝。两位老师的午餐是在画室吃的,沈爱琴专门请了个阿姨来给他们做饭,买了什么菜,她还要检查一下,很关心。

不过,慢慢地,他们察觉到沈爱琴内心有苦恼。

有一次,沈爱琴在画室坐着,突然流起了眼泪。两个大男人面面相觑,心想,这么大一个企业家,要钱有钱,要人有人,应该很开心,怎么会流眼泪?他们不理解。后来知道是她对公司放心不下,主要是担心。一会担心女儿、女婿会不会太累,一会又担心公司会不会遇到困难。又不好去插嘴管,只好忍着,心里很痛苦。

周境尧比较会劝人,就劝她别太操心,辛苦了一辈子,现在该好好享福了。等沈爱琴情绪平静下来,再找些有趣的话题跟她聊。

时间长了,周境尧和杨德余对沈爱琴的脾气越来越了解。周

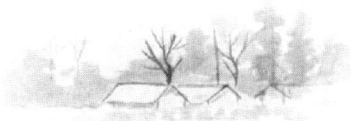

境尧特别细心,他能从她走楼梯上来的脚步声中,听出她的心情"指数"。如果脚步很重,进门脸上没有笑脸,那肯定碰到烦心事情了。

"沈总,你今天碰到什么不开心的事情了?"周境尧主动开口,关心地问。

沈爱琴马上说:"你怎么知道的?"

周境尧笑着说:"我看出来的。"

听周境尧这么一讲,沈爱琴就有了一种倾诉的欲望。原来是别人来找她让她帮忙办一件很为难的事情,她重面子,不会拒绝人,所以心情受影响。

"来来,沈总,我们来下盘棋。"杨德余走过来,提建议。

"沈总,先把这烦心事放一放,我们来说点高兴的事,下棋下棋。"周境尧附和道。

沈爱琴喜欢下棋,两个人就陪着她下。杨德余的下棋水平很高,所以他跟沈爱琴下棋,需要让棋。为了逗她开心,杨德余故意吃掉了沈爱琴的一枚棋子。沈爱琴急了,像个孩子一样,做了个耍赖的小动作,偷换个棋子。最后,自然让她赢了。皆大欢喜。

沈爱琴不喜欢画小花小草,她喜欢大的。在画室里,有一幅超级大的柿子图,满满的九只红柿子,那么醒目地悬挂在粗壮的枝条上。

这是沈爱琴的杰作。

从这幅画里可以看出沈爱琴的想象力是非常丰富的,没有哪个人会画这么大的柿子,而且还是九只,只有她敢。在这幅画里,寓意着她的几个祝福,她希望万事利以及所有的亲朋好友,都事事如意。红色,是希望万事利能办得红红火火。她画画都是动过脑筋的,有自己的想法在里面。

省里有领导来画室,看到这幅作品,就给了沈爱琴八个字:敢想、敢做、还能成功。

有一次,三个人合作一幅大的山水作品,有山、有水、有松。沈爱琴提出来画面要有现代的气息,以前的品茶论道都不要,于是画上了照相机和自行车,落款她也要现代的。

"杨老师,这幅画应该怎么命题?"沈爱琴盯着画面问。

杨德余与周境尧考虑了一下,在纸上写了一个初稿给她。沈爱琴接过一看,上面写着:群山极目/天降飞流/松梅献瑞/万溪归宗。

"这个降字不好,"沈爱琴看了后,想了想说,"把降改成江。"

"天江飞流?"两个大男人都觉得这个字改得好,虽然有"天江"这个词,但用的极少,一般大家都用天河。把"天降"改成"天江",一下子把画的意境带到另一个高度。他们都知道沈爱琴并没有很深的文学功底,她是凭自己的直觉,说明她是个绝顶聪明的人。她的灵感来源于她的生活,她要上,不要下,这是潜意识里的一种条件反射。就像她的万事利,只能前进,绝不能后退一样。

沈爱琴对两位老师还有一个要求,他们落的款,意思她一定要知道,而且她看不懂的字,不能写上去。

沈爱琴做什么事都很认真,有一次她问能不能把"紫气东来"四个字用绘画的方式表达出来。

他们也是第一回听到,就问她想表达什么。沈爱琴说是想画紫薇。于是大家就开始画紫薇。沈爱琴第一次画,形状不好,她很不满意。

第二天等两位老师到画室,发现沈爱琴大清早已在那里,她

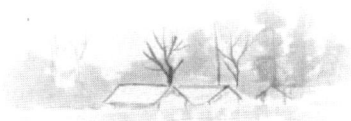

143

的面前放着一枝新鲜的紫薇花，正照着样子画。

"沈总，这你是怎么想到的？"两个人异口同声地问。

"家里有紫薇花，正好开着，我就剪了一枝来照着画。"沈爱琴得意地说。

再看宣纸上的紫薇花，还画得挺像的。

不能在沈爱琴面前说困难，说不行，这是两位书画家的体会。沈爱琴在画室，常有人会跑到画室找她，讨点经验啥的，特别是有些小年轻，托关系来找她。一开口就说有多少困难，现在真难之类的话。沈爱琴一听就会很不高兴，跟对方说可以回去了。

为什么？因为在沈爱琴的人生信条里，从没有"难"这个字。她最喜欢讲的一句话就是："办法总比困难多。"再大的困难，她也有勇气去征服。

沈爱琴是个多年的老党员，她的人生格言是："毛泽东思想培育了我，邓小平理论富裕了我，'三个代表'提升了我，科学发展观改变了我。"她热爱共产党，爱得无比忠诚。她经常跟两个老师说，共产党真的好。她会从毛泽东时代、邓小平时代，一直讲到现在，最后总结，共产党是最好的。她讲得非常真诚，发自内心，令人动容。

对周境尧和杨德余这两位草根书画家来说，遇到沈爱琴是他们命运的转折点。

沈爱琴听说他们没有经过正式的科班学习，经济条件又不好，就出资送他们去中国美院进修。周境尧学费一年2万。杨德余读的是高研班，两年半4万。送美院进修，不但出学费，还工资照发，这让两个大男人感动得泪流满面。无亲无故，就这样帮助他们，等于为他们安排好了下半辈子。

自从沈爱琴开始学书画,她都不知道送了多少幅书画出去。万事利集团里每个办公室都有沈爱琴和两位老师合作的画。她还写了一个福字,印刷后到处送,把福气带给人家。

可周境尧和杨德余还是能感觉出沈爱琴真正的心思并不在书画上,她是很想静下心来,可心里总是被一股无形的牵挂牵着走,这份牵挂一直到她生命结束才真正放下。

沈爱琴火化那天,周境尧与杨德余通电话,两个人突然真正意识到她真的走了,想起她对他们种种的好,再也忍不住了,在电话里号啕大哭。

"企业家很多,但这样的企业家,只有她一个,以后再也遇不到了。从沈总身上我们学到很多东西,她对我们的恩情,这辈子永远忘不了。如果没有遇见她,就不可能有现在的我们,我现在心胸变得宽多了,都是她教导的结果。"杨德余低沉着声音说。

2017年1月4日,在万事利集团会议室里,我在两个男人的泪花里,感受到一位强者内心的骄傲与失落,感受她为了企业牺牲自我的精神,感受到她对弱势群体的关爱与慈悲。

"我的后半辈子受这个大姐姐影响太多了,我想,以后我会尽自己的能力,去帮助那些无助的人。"周境尧抹了一把脸上的泪水,对我说。

## G20 的丝绸密码

2016 年 9 月的一天，我收到一个快递，打开一看，原来是一个精美的礼盒，名"盛世繁华"。里面是一条印有二十国国花的桑蚕丝长巾和一张二十国官方纪念明信片。当我打开丝巾，看那暗香浮动的花朵，淡雅、内敛，似一位气质娴静的女子，让人一见就心生欢喜。当手指轻轻滑过长巾，感受那指尖的柔软，世界就跟着变得温暖起来。

这是杭州的一位朋友送我的刚结束不久的 G20 峰会的纪念礼盒，我看到丝巾上的吊牌：万事利。

万事利丝绸，一个闪耀在杭州 G20 峰会上的魅影，令全世界惊艳不已，给世人留下了"丝绸即万事利，万事利即丝绸"的深刻印象。

华贵的丝绸，从来都没有像此刻那般受人关注。

看，万事利的杰作之一：西湖国宾馆接见厅里那座高 2.6 米、宽 4.8 米、重达 1.8 吨的巨幅《盛世风华》双面刺绣大屏风，20 朵形态各异的牡丹呈现出无与伦比的"指尖奇迹"。

这幅史上最大的双面绣精品背后的每一个细节,都离不开一群独具匠心的人的全力付出。

每朵花、每片叶的生长姿态,光与影,厚与薄,色彩的变幻,细化成苏绣泰斗弟子笔下大底稿之外的数百张小底稿,每张底稿上都把绣线的走向描了出来,专业术语叫"丝理"。

从普通的"艳丽的牡丹"到会务组要求的"淡雅的牡丹",那中间是多方寻找美术界专业人士的步履;是反复校稿的精心;是2000多种丝线的纵横交错;是30多位拥有30年以上绣龄的苏州绣娘的集体结晶;是三班倒轮流作业,连续不间断四个多月的心血绣制。

这幅史上最大的双面绣精品,深藏万事利人对G20盛会的美好祝福:20朵牡丹,代表与会的20国集团诸国。不同的色彩,不同的花姿,羞涩或绽放。画面左侧的玉兰树,清新脱俗,似有轻风拂面而过,寓意"君子之交淡如水"。更有那翩飞的蝶,喜庆的鹊点缀,使整个画面雍容华贵,大气灵动。

在浙江西子宾馆国宴厅,当来宾走过过道,可以看到一幅高达6米、长达20米,用丝绸制作而成的西湖全景图,全方位展示了西湖旖旎的自然风光。

这是国内最大的丝绸壁画,是万事利在G20峰会上的又一杰作。该作品来自于一幅名叫《锦绣西湖》的水墨画,原画稿由15张与巨型丝绸壁画实际等比的画片拼接而成,邀请知名画家,耗时二十多天绘制而成。

为了把这15张画片"无缝"对接,在墙上完美呈现,万事利丝绸艺术装饰部总监陈伟栋带领一批人绞尽脑汁,想尽办法,从喷

印到装裱到墙基,每一个环节都精益求精,终于完成了这项艰巨的任务。

将扫描后的高精度画稿进行"地毯式"的修补和颜色修正;用精准数字化代替人工经验调色,实现电脑 RGB 颜色标准与打印 CMYK 模式的无障碍转换;史无前例地将国内的丝绸纬斜率误差从每米标准的 3 厘米,缩小到 1 毫米之内;自主研发的一款新型胶水在操作时,绝对控制 5 毫米的胶水厚度……

当各国来宾从这幅精美的西湖全景图前走过,他们不一定知道这背后的故事,但他们一定会记住"万事利"这个名字。

在西湖国宾馆的迎宾厅外,镶嵌着两扇直径 140 厘米的八角形屏风,远看都以为是两张风景照,走近才发现是由无数长短不一的线绣制而成的刺绣艺术品。

这两幅作品是由万事利刺绣工作室两位绣龄 30 多年的省级大师,选取西湖国宾馆与雷峰塔的景致,运用乱针绣技艺,历经 4 个月绣制而成。立体逼真,层次鲜明,在光影的折射下,乱针绣的色彩比照片更具美感,显示出高超的刺绣技艺。

在杭州 G20 峰会上,万事利丝绸元素的产品无处不在。

为元首配偶准备的纪念国礼,是一款名为"吉光凤羽"的长巾。为了这款长巾,万事利集结中法两地所拥有的包括产品设计、材料研发、工艺研究、质量检测、跨界合作、生产流程等各方面最优秀的资源,启动最高生产规格。仅丝巾项目就组建了 4 个设计组,由 30 多名设计人员,100 多名技术匠人紧盯各环节,多位教授级高级工程师全程把控,终于成就了一只栩栩如生、气度不凡的立体"凤凰"。

还有观演嘉宾手中蓝绿色的丝绸收纳包,居中一粒中式琵琶扣,再加上里面一块质地柔软的丝帕,与中国邮政合作的盛世繁花二十国 G20 明信片和丝巾套组。二十国集团领导人下榻的酒店房间里,丝绸床品、丝绸睡衣、丝绸艺术品摆件随处可见。欢迎晚宴上的嘉宾邀请函、桌号牌、菜单、节目单以及文艺晚会上的"最忆是杭州"丝绸手包等产品,"渗透"在峰会的每个角落。

此外,万事利还完成了杭州国际博览中心、西湖国宾馆等 G20 峰会重要场馆相关礼仪、服务人员的服装设计共 8 款,380 套。按高级定制服装的标准,不但在设计上考虑与大环境的融合与和谐,每套服装在机器裁剪后,还有四成的工序需要用手工完成。

更令人注目的是,万事利在本届 G20 峰会中"引爆"了国内外各大主流媒体的密切关注。

2016 年 9 月 3 日,万事利集团总裁李建华接受央视新媒体的采访,在直播的 60 分钟里,实时在线观看人数达到 470 万。9 月 4 日,中央电视台综合频道、中央电视台新闻频道并机直播的《湖畔观察》,当李建华在节目中侃侃而谈中国丝绸在 G20 上呈现的不同概念,让消费者明白,丝绸从面料变成材料,可以成为一种生活方式,一种艺术品时,万事利的品牌已随着央视新闻的辐射推向了一个新的高度。

仅中央电视台就有包括综合频道、中文国际频道、新闻频道、英语频道、法语频道、俄语频道在内的 6 个频道对万事利做了专题报道。《人民日报》《光明日报》《中国日报》《国际商报》《浙江日报》《钱江晚报》《都市快报》等几十家主流纸媒,新华社、中国新闻社、北京卫视、东南卫视、东方卫视、浙江卫视、杭州电视台、人民网、新华网、澎湃新闻网、网易、新浪等主流视频网络新媒体也对

万事利进行了上百篇的源头性新闻报道。而 CNN、Facebook、美通社等国外主流新媒体的介入，让万事利的品牌信息有了更深远的国际影响力。

万事利集团官方微信平台"万事利的丝绸艺术"陆续推出了"揭秘 G20 峰会上的万事利丝绸元素"系列微信图文，短时间内吸粉无数，并被大量微信大号转发，转发量达到 100 万＋。

那么，万事利又是如何获得这些机会的呢？

沈爱琴虽然人离开了企业，但从未停止过关注国家大事、行业的动态、万事利的发展。当国家主席习近平在 G20 土耳其安塔利亚领导人峰会上，宣布 2016 年的"G20 峰会"将在杭州举办的消息，沈爱琴欣喜地看到万事利几乎在同一时间，十多张风格各异的"万事利丝绸倾心助力杭州 2016 年 G20 峰会"海报横空出世。海报中有的以西湖、三潭印月、星空构成蔚蓝的背景，一条印着各国国旗图案的丝巾灵动地绕潭飞舞，给人美好的遐想。有的以贵气的黄为底色，中间是一个蓝色艺术化的 G 字母，字母上浮动着荷花、雷峰塔等杭州元素。还有一幅给人水墨画般意境的海报，蓝、绿、红三色丝巾在画面上飘逸而过，美不胜收。

瞬间，杭州人的微信朋友圈被万事利助力 G20 峰会的海报刷屏。

接着，第二天的《钱江晚报》推出的 G20 峰会特刊专版，刊登了万事利的 G20 畅想《用最动人的丝绸细节，助力杭州打动世界》的文章。

万事利集团董事局主席屠红燕说："G20 峰会落户杭州，我们有整整一年时间用来挖掘和展现这个城市'最杭州''最个性''最动人'的一面，这其中怎能少了千古绝唱的丝绸元素。作为新丝

绸之路的起点,杭州在这头,世界在那头,谢谢世界的信任,杭州会以西湖和江南的细腻回馈你们的情感,万事利更会以最美丝绸来展现'一带一路'上我们的担当!"

这是一种宣言,更是一份庄重的承诺。

挖掘中国传统丝绸文化并赋予其世界品性的丝绸梦,展现这最个性的一面,让世界重新爱上中国丝绸,这是沈爱琴和屠红燕心中的中国梦。

早在2015年5月,万事利集团就成立了以董事长屠红燕、总裁李建华为首的"万事利集团参与服务峰会工作筹备小组"。小组成员聚集了万事利集团产品设计、材料研发、工艺研究、质量检测、跨界合作、生产流程等各方面最优秀的力量,全面参与到峰会国礼、配偶礼、贵宾礼、纪念礼的设计开发中。

这设计,必须理念明确。以习总书记"杭州是历史文化名城,也是创新活力之城,相信2016年峰会将会给大家呈现一种历史和现实交汇的独特韵味"的重要指示精神,以及峰会筹备委员会、浙江省委省政府、杭州市委市政府相关会议精神为基调,结合丝绸的杭州特性,开阔思路,寻找创意灵感。

那段时间,万事利的全体设计师个个"脑洞"大开,提供各种想法、思路。关在办公室不行,那就走出去,流连杭州30多家博物馆,目光在印、瓷、扇、铜、书画等之间跳跃。又挑选最有经验和实力的设计主管,前往北京、上海、南京、苏州等地的人文历史故地和现代创意中心,搜索触发思维的开关。

2015年11月25日,国际峰会艺术指导委员会礼品组发出了《2016年国际峰会礼品纪念品第二阶段征集函》,提出了弘扬中国文化、展示大国风范,突出体现中国风格、浙东韵味、杭州特色

的工作要求。万事利集团参与服务峰会工作筹备小组也加快了速度,将每月例会改成每周例会,聚众人智慧,碰撞出灵感的火花。分别于 2015 年 12 月 26 日、2016 年 1 月 21 日、2016 年 2 月 26 日、2016 年 4 月 25 日提交了四轮设计打样。

2016 年 7 月 8 日,最后审核公布,万事利集团参与国礼、配偶礼的产品中,两个款式、五条丝巾入围,正式成为 2016 年杭州 G20 峰会国礼、配偶礼生产商。其中一款产品为"吉光凤羽",分紫色、黄色两个颜色,有 100％桑蚕丝、50％桑蚕丝＋50％羊绒混纺两种材质,共四条丝巾。另外一款产品为"梦幻"灰色丝巾手包套装。

在 G20 峰会上,万事利还提前做了一个准备工作,就是主动向媒体"营销"自己。

由于此次万事利参与的项目比较多,产品有数十种,从每个项目启动之日起,集团办公室品宣经理楼玉峰就安排了制订的影像资料记录计划。全程以视频加图片的形式记录了每个项目每个产品完整的生产过程,最后将内容整合做了五条时长平均在 3—5 分钟的纪录片:分别为《G20 嘉宾纪念礼篇》《G20 峰会国礼篇》《G20 峰会新材料篇》《G20 峰会礼仪服装篇》《盛世风华巨型双面刺绣屏风篇》。另外,还通过采访设计师、相关技术负责人及工匠,收集第一手文字资料,为每个产品,每个项目整理了一份完整的文字档案。

为了满足视频类媒体对画面的播出需求,楼玉峰他们还对成片做了两个版本,一个是宣传版,另一个是素材版。

事实证明,这份提前做好的宣传资料为万事利在 G20 峰会期间"爆炸"式的借势宣传,起到了关键性的作用。当国内外媒体蜂拥杭州城,寻找各种宣传亮点时,万事利恰好端出这么一整套内容翔实、图片大气美观、视频高端的立体化全方位宣传资料,岂有不喜之理? 天时、地利、人和,三者完美结合,让媒体在聚焦 G20 峰会成果的同时,也将视角投向了那无处不在的丝绸,投向了舞动这些魅力丝绸背后的万事利。

一场 G20 杭州峰会,让万事利实现了品牌曝光最大化,更打开了一条让世界重新爱上中国丝绸的梦想之路。

## 新万事利时代

2016 年 11 月 11 日,网上有一则新闻,标题是《走过 40 年的杭州老牌丝绸企业万事利要上市了》。

新闻说:"11 月 10 日,万事利集团旗下专注丝绸文化创意产业的杭州万事利丝绸文化有限公司召开发布会,宣布引入浙江浙商产业投资基金、万向三农集团、浙江国俊、杭州盈思投资、浙江华媒投资、深圳卓元晋嘉投资、张家林、陈曙华、杭州乐世利投资等多家战略投资者,正式启动境内上市计划,首轮融资规模逾 2

亿元人民币。这是万事利引进的首批战略投资者"。

几年前,杭州万事利丝绸文化有限公司董事长李建华就谋划着丝绸文化板块上市的事。由于万事利前期布局多元化经营战略,巅峰时期旗下有 30 多家纺织类子公司。这些企业,有的是传统制造型的企业,不盈利反倒亏钱;有的是伴随着高污染的印染企业;有些是做纯贸易的,和丝绸产业没有任何关系。新一代掌门人就痛下决心,经过一个非常复杂的操作过程,通过改制、关停、转让等多种方式,对这些非丝绸类的企业进行剥离。

轻装上阵后的万事利,加快了产业结构调整、转型升级的步伐,将更多精力投入到丝绸主业上。不断挖掘、传承和弘扬中华丝绸文化,将丝绸与文化创意、高科技相结合,在传统丝绸面料、丝绸服饰产业的基础上,拓展研发出丝绸文化礼品、丝绸艺术装饰及丝绸艺术品三大创新领域,再造丝绸商业模式、探索新的丝绸之路,形成了以团购为主,零售为辅,线上线下联动的商业模式。对今天的万事利来说,丝绸早已不只是一种面料,更是文化的载体。用李建华的话来总结,就是"'传统丝绸＋移动互联＋文化创意＋高科技＝丝绸经典产业'的转型升级'新丝路'"。

万事利集团董事长屠红燕十分注重金融与资本的创新力量在企业发展过程中的强劲推动力,并期望这股力量能够为传统丝绸产业注入全新活力。当后 G20 时代来临,万事利的品牌效应得到充分释放,屠红燕和李建华都认为上市的时机成熟了,这也是沈爱琴的一个心愿。早在 2003 年 9 月,沈爱琴就引进了投资领域专业人士张建平,开始运作企业上市事宜。2014 年,万事利集团旗下的海皇生物科技板块在新三板成功上市。

新万事利时代,更加注重把产品变成文化,把文化变成品牌。

这些年，万事利一直走在文化创新这条路上。通过对中国文化的理解与重新梳理，达到弘扬丝绸文化的目的。

随着飞翔速度的加快和距离的增加，"文化创新"和"技术创新"犹如万事利一对崭新的翅膀，让一家传统企业成功转型为理念先进、与时俱进的现代企业。而让屠红燕很引以为豪的营销思路创新，无疑是助力飞翔的东风。

除了常规的线下销售，更在线上建立了完善的集宣传展示销售一体化的专属营销渠道。其中包括万事利自主研发的以资讯分享为核心的 App"乐享"，以销售服务为核心功能的网络商城"中国好丝绸"，还与唯品会、天猫等上百家规模化网络平台进行合作。

万事利现在已经是"全员营销"，每个人都可以成为万事利产品的销售员。外界评价这是一种非常"可怕"的营销方式，每个人利用微信等个人新媒体平台，以几何级增长的方式使万事利的产品"入侵"朋友圈，让人在不知不觉中牢牢记住了万事利的品牌和产品。

此外，为了迎合更多消费者的个性化需求，万事利正积极尝试将 VR 等虚拟技术引入丝巾设计，以探索全新的丝绸消费体验。

营销模式的创新，还体现在"跨界合作"、借力、资源整合上。丝绸作为万事利的核心产品，通过与文化、艺术、时尚的融合，可以提供个性化的定制，而且不仅仅局限于文化领域。这几年来，万事利还和中国邮政、中石油、中石化、中国银行等公司进行跨界合作，与不同行业进行结合，呈现出开放、包容和创新的现代企业思维。

关注万事利的人都会发现,近年来,万事利的产品设计越来越时尚与多元,这跟欧洲设计师加盟万事利的设计团队有关系。国内设计师对中国传统文化有着深刻的理解,而欧洲的设计师则拥有全球化的视野,两地的设计师联手,成就了今日万事利产品文化与时尚的完美结合。

让每一件产品有感情、有温度、有故事,这是万事利人的目标。

顺应潮流,才能更好地前进,今天的万事利自信而优雅地长袖轻舞在中国丝绸的天空。G20 峰会期间专程来到万事利的国际货币基金组织(IMF)总裁拉加德女士,对万事利丝巾一见钟情,在元首接见等重要场合,人们看到拉加德女士全程佩戴着万事利丝巾。尤其是在 2017 年 5 月"一带一路"国际合作高峰论坛上,拉加德女士又身着高贵典雅由万事利出品的丝绸手绣旗袍出场,这是对万事利丝绸的又一种肯定,也代表着中国民族丝绸的国际地位日益凸显。

沈爱琴招员工喜欢三种人,有文化的人、部队转业军人,还有就是共产党员。因为沈爱琴认为有文化的人就是人才,而人才是无所不能的。转业军人素质好,共产党员政治觉悟高。在管理上,她就是家长式,用感情"管人"。

新一代掌门人招聘员工,会问一句,你对丝绸文化喜不喜欢?喜欢欢迎留下来,不喜欢请你离开。之所以这么问,就是希望能将文化价值观相同的员工聚集在一起,用规章制度管理人。两代掌门人的取舍跟所处的时代与价值观,以及企业的发展战略有关。

2017 年 2 月,屠红燕亲自签发了《万事利企业宪章》。这本宪章全文逾万字，经过一年筹备，是万事利根据新形势下企业战略规划而制定出的共同纲领和行为准则，从人力资源、行政管理、计划财务、科技管理、法律事务、物业管理、信息技术、内部审计等八方面着手，系统地修订了公司各项规章制度40大项；重新提炼了万事利企业文化的内核，赋予了"天地人和万事利"这一企业精神以新的时代内涵。

在这本70多页的册子里，有很明确的企业愿景——"成就中国丝绸领导品牌"；有很清晰的企业使命——"让世界爱上中国丝绸"；有传承的企业精神——"天地人和万事利"；有深入人心的品牌理念——"品质决定高度、视野决定宽度、文化决定深度"；有传递的核心价值观——"专注追求完美、创新拥抱变化"；有"专心于我们的专业、细心于我们的服务"的经营理念；有"文化塑造人、机制激励人、事业凝聚人、感情温暖人"的人才理念；还有"党群工团妇，发展齐步走"的党建目标。

突然发现，新万事利时代倡导的还是"家文化"，只不过表现方式不同。沈爱琴的管理方式很感性，很多时候就像个妈，事无巨细都要管，看不惯要骂，好的会表扬。那些年，被沈爱琴骂走的人不少，但骂不走的也很多。屠红燕作为新生代企业家，她懂得放与收，明白管理不是随心所欲，而是既要有严格的规章制度来约束人，又要有人性化的关怀。

今天的万事利并没有因为沈爱琴的离开而出现任何不安定的因素，相反，更加紧密团结。那一批跟随沈爱琴多年的中高层感念老板的知遇之恩，全力配合屠红燕董事长和李建华总裁的工作。

比如万事利集团监事会主席沈柏军，他的身份很特殊，是前

157

任董事长的亲弟弟，现任董事长的舅舅。但不管是姐姐当家，还是外甥女当家，沈柏军都一样，准确定位，不会去"越权"。他从1984年10月开始，就与沈爱琴搭档。在单位，他不是把她当姐姐，而是领导。工作上有分歧，谁有理听谁。他说万事利很早就开始规范起来，现在更加规范。而所有的规范是为了长久，没有约束就会自由散漫。

比如副总裁孙有毅，1989年进万事利，深得老板信任。多年来，老板对他的好，他都记在心里。女儿刚出生，老板和屠爸就带着好多礼物上门来探望，而那时他才进厂没多久。1992年的时候，他的部门刚买了一辆新车，结果出了车祸，老板第一时间问他和车上其他三个人怎么样了，迅速派人过来送他们到医院救治。他心疼车，因为这是企业的财产，老板心疼人，安慰他，说大难不死必有后福。他很难受，很自责，可她却给予他温暖和力量。很多年前，老板把公司的中层干部带到普陀山去旅游，她为每个人准备了一枚护身符。每一枚护身符上都写着他们各自的名字，一面是寿，一面是富，专门定做的，还拿去请大和尚开了光。老板这份心意被他们视为无价之宝。从此，他就一直戴在身上。万事利的中高层之所以那么稳定，跟老板平时的为人有关。他说，老板提前布局好，所以即使她走了，一切都很平稳，大家心往一处想，劲往一处使，不会有其他的想法。

比如万事利集团监事会副主席项柏青，来企业三十多年，无论是当厂长助理，还是任供应科科长、销售部经理等职，老板一直对他很好。他还是屠红燕的师傅，看着屠红燕从外贸到内贸，管过工厂，一步步成长起来。在基层一线锻炼时，屠红燕深入车间，骑自行车跑业务。去宁波的雅戈尔、杉杉、培罗成谈业务，那时交通不便,路况又很差,到了宁波是坐三轮车去的工厂。这样的接班人很让人信服,有文化,又有基层工作经验和充满可操作性的能力。现在老板走了,他仍像过去一样,尽力做好自己的事。

比如万事利集团副总裁,分管集团资金板块的孙立新,2007年5月到万事利。第一次与老板见面,老板第一句话就是问他是不是党员。他很意外,回答是。老板就很开心,说党员好。老板平时对他们就像一个母亲,非常关心他们的生活,逢年过节都要叫他们过去吃顿团圆饭,给孩子压岁钱。管财务的人都来自五湖四海,老板用人唯贤,不是唯亲,给予充分的信任。他特别佩服老板的大智慧,十年前就安排交班,五年前真正放手,一般人很难做到。这次老板走得这么意外,但对公司没有产生什么冲击,因为从2012年以后,她就不来公司了,所以没受影响。

比如万事利集团人力资源部副总经理郭连珍,1983年进厂,从普通的挡车工做起,是老板让她去学习做统计,1997年她考出了统计师,开始做集团的综合统计。到2003年4月,老板让她去负责人力资源这一块,说她很合适这份工作。老板给她留下最深刻的印象就是不管万事利遇上了多困难的事情,不管多少人在困难面前退缩,老板一定是要往前冲的。有人说万事利人力资源部是黄埔军校,培养出来的人都能当老板。老板就这么大气,老板在生病的时候还担心企业,对她们说,我以前是一张废纸都管好的,你们一定要管好。她们要做的,唯有更加努力。

比如万事利集团财务总监、财务部总经理杜海江,2003年4月到万事利。刚到公司,老板看他是会计师、大专毕业,就由公司出钱,让他利用业余时间去读书,考了一个本科出来。她把核心的财务交给他们这些外面招聘进来的人,很是信任。而他发现万

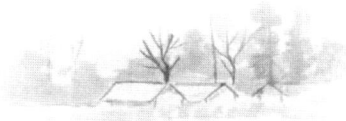

事利的财务很规范、严谨、标准,不像有些企业有两本账。在万事利十多年,他生过两次病,每次都是老板帮他找医生。特别是第二次头上要动手术,老板在外面考察项目,听说后,马上给他联系了最好的医院和医生。看病的费用,老板基本上全给他报了。老板生病的时候,他去看她,老板对他说,企业要管好,财务要管好,要支持屠总,把企业搞好。他牢记着这些话。

就像杜海江说的,老板对他们的影响很大,做人也好,工作也好,还有学习,包括老板的做事风格,都在潜移默化地影响他们。第一代和第二代是血脉相承,企业一样,文化也一样,变化的只是企业的战略战术。

数据显示,2016年万事利集团各板块业绩稳步增长,其中丝绸主业销售、利润双双增长50%以上。这一年,万事利以迈入"时尚万亿产业"为契机,加快产品结构多元化布局,先后与王星记扇业、中国邮政、华侨基金、中国石油等结成战略联盟,开启产业融合新模式。在"技术创新"上成果累累,共取得各类国家专利发明(技术)13项,设计新型花型3000余个,并在色彩管理、智能花型设计、超薄丝绸等多个关键领域实现了技术突破。

成绩代表过去,未来任重道远。

万事利过去以"制造业"为中心立足,未来将会以创造为中心发展。过去是"知识"驱动,未来一定是"智慧"驱动。

对此,屠红燕雄心勃勃,在规划的蓝图里,未来万事利将与战略投资者着眼于丝绸文化创意产业转型发展趋势,在渠道拓展、市场挖掘、产品研发、技术创新和人力资源开发等多方面开展深入且广泛的合作。兼并、收购、合作都是未来万事利的战略方向,在全球化的大背景下,让万事利真正成为一个国际品牌。

2017 年 1 月,董事长屠红燕入选首届全球浙商金奖 20 强。她直言,作为一位守业者、传承者,得到如此殊荣,对她而言并不是一项奖励,而是一份沉甸甸的"鞭策"。

2017 年 4 月 28 日,在杭州举行的"全球浙商金奖报告会"上,屠红燕说:"我们制造的丝绸,不仅仅是杭州的丝绸,更是世界的丝绸,因此我们打造的产品代表的是中国的文化和技术。"

她表示,万事利丝绸将在未来从海上丝绸之路走到陆上丝绸之路,再走到网上丝绸之路,从而让杭州的丝绸产业更好地走向世界的舞台。

让我们拭目以待。

祝福万事利的明天更美好!

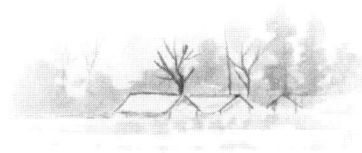

# 第六章
## 侠骨柔肠多悲悯

她从人群中走过
风追逐她的四季
背后脚印烙下
爱的痕迹

她向世界敞开
心灵之门
让每一次遇见
如此美丽

## 来世再续今生缘

他坐在我对面,腰板挺直,脸色红润,目光炯炯有神,一头乌黑的头发让他看起来非常年轻,根本不像个已年过 70 的老人。

作为沈爱琴的爱人,屠志良被很多人亲切地称为"屠爸"。在过去的将近五十年婚姻中,他一直站在沈爱琴的背后,给予她依靠和力量。在外人看来,沈爱琴是个著名的女企业家、女强人,在家里也一定很强势,可事实恰恰相反,沈爱琴在丈夫面前,完全是一副小女人模样,对他很是依赖。夫妻多年,两个人的爱情早已升华为潜入血脉、不可分割的亲情。

沈爱琴的离去,对屠志良的打击非常大,即使时间已过去半年,只要一提起,他仍会控制不住自己的情绪。他是真的伤心。伤心爱妻苦了一辈子,刚开始享福,就这么匆匆离开;伤心爱妻生病那几个月,遭受的痛苦折磨,他无法替代;伤心自己眼睁睁看着爱妻一点点滑向无尽的黑暗,无论他怎么用力,想尽办法,都无法抓住她渐渐冰冷的手。

多情自古伤离别。以前沈爱琴为了工作,为了寻找原料渠道,推销产品,经常十天半个月不见人影,全国各地到处跑。可不管出去多少天,她总会回来。而这一次离开,却是永远地离开。从此,她的身影只会在他的梦中出现。

在与屠爸的交流中,我能强烈感受到他内心的伤痛。他的回忆是零碎的,可每一块碎片里,都有她的眉眼,她的笑脸,她的喜怒哀乐。

喝了两口茶,在屠家宽敞的客厅里,屠爸平静了一下心绪,开始回忆在艰苦的岁月携手同行,不离不弃的承诺,以及日常的生活细碎。他内向羞涩,她活泼开朗。他包容,她大气。再苦再累,只要与心爱的人在一起,一碗凉开水也能喝出甜的滋味。

她怀孕了,可依然从早到晚忙个不停。他心疼她,劝她好好休息,可她摇摇头说没事。挺着六个多月的大肚子,她还去拉三轮车。他去上班了,都不知道她腹痛早产,居然骑着自行车冒险前往医院,到了医院门口,实在痛得忍不住大叫,有医护人员跑出来,才保住了母女的平安。等他下班回来,看着病床上的她和营养不良的孩子自责不已。她却笑着恭喜他当了爸爸。

早产的孩子身体太弱,她有一定的医学知识,就用盐水瓶灌满开水,用布包起来,围在孩子身边,当简易的保暖箱。

生小女儿的时候,那天他刚走出家门,她腹如刀绞,连忙叫住了他,说要生了。他慌了,幸好有邻居帮忙,找来三轮车送她去医院。

有了两个女儿,他承认自己还想要个儿子,可考虑到她已是半脱产干部,为了她的前途,也考虑到经济现状,他放弃了这个念头。

很多年后，她打趣他，说当年嫌弃自己生了两个六分头，现在只要看到报纸上有小女儿红燕的新闻，就全部都仔细收起来，而对她自己的新闻，看也不看。说女儿的优点都像他，缺点像她。

他涨红着脸辩解，自己从没有嫌弃过她生了两个女儿。

见他急了，她就在那里哈哈大笑。他知道她在逗自己玩，可还是忍不住要上当。日子，就在这一进一退中流水般过去。

当年，"四个轮胎一把刀"，他是最吃香的驾驶员，在杭州第一运输公司工作，拿38元一个月的工资。她半工半农，拿29元工资。两个人省吃俭用，两年后，草棚就变成了砖瓦房。

在那个任何物资都要分配的年代，造房子的一砖一瓦一木料，都是他想办法一点点买来的。他也是个热心人，自己家造房材料解决了，就帮村里人拉来家家户户都需要的毛竹和木头。

他家一共造了三次房子，第二次是四间宽敞的平房。弟弟当兵回来后，又造了四间小房子。他和弟弟各一半。父亲去世早，母亲身体又不好，长兄为父。她从来都不会在经济上计较，他说什么，她不但不反对，还给他出主意。她特别能吃苦，在岳庙附近上班，就利用中午休息时间去割草，下班带回来给羊吃。

"文革"还没有结束时，她担任笕桥绸厂厂长，被人写大字报。他坚定地站在她身边，为她遮风挡雨。在那个黑夜，他就是她的天，她的依靠。

她办厂，他就用自己的方式在背后默默支持。

厂里需要锅炉，是他去上海生产锅炉的厂家直接拉来，七辆车子，加上借来的吊机，浩浩荡荡八辆车子从杭州到上海，又从上海到杭州。

在安装的时候，突然出现险情，吊车在吊装锅炉到锅炉房的

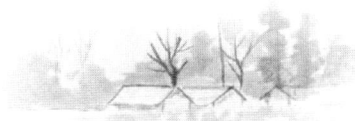

167

过程中,由于操作工人没有绑牢,导致锅炉滑落,滚下来,撞到了房子的柱子。顿时发生巨大的响声,房子都被撞得摇晃起来,让现场的人惊出一身冷汗。

那日,天下着大雨,除了他和她,还有一位副厂长,几个工人。倘若房子塌下来,大家都要被压死。他让她回家去,说她不懂,她不走。他说危险,万一出事,总要留下人照顾家里。她盯着他的眼睛说,要死就一起死。他拗不过她,只好答应。

他找来千斤顶,一点点地调整。当剩下最后一只锅炉时,天色已很晚,锅炉厂派来的人说明天再装,今天装不了,差样东西。他为厂里着想,若拖到明天装,又要浪费时间,车子还要压着,都是费用,能省就省。他找到解决问题的办法,跟对方说,装不了是因为少了根枕木。他打电话给同事,请同事帮忙马上送枕木过来。

一番周折,锅炉终于安装完毕。夫妻俩相视一笑,松了一口气。

她为了企业,经常在外面跑。他知道她的辛苦,火车上常钻到人家的座位下睡觉,出差住地下室或澡堂子。她没有时间管家里,他就主动去承担一切。在单位,他也是个干部,其中一个运输车队的队长。为了她,他愿意牺牲自己的前途。他去找领导,说妻子已挑这么大的重担,他不能再那样忙碌,要分出精力管家里的事,孩子小,又有自留地,只能辞了队长之职。后来,领导又要让他当保卫科科长,他再次推辞。第三次实在没有办法推,就当了车队的支部书记。

她和他从来都不会为钱吵架。不管是没有钱时,还是后来有了钱。她一心扑在厂里,他在完成本职工作后,就去义务帮忙。

108 台喷水织机、印花设备，都是他找吊机、找卡车运来。厂里的每一步发展，都离不开他在幕后的付出。他已习惯她的"随机"回家时间，有时候半夜，有时候出差好多天不见人，他永远是她的大后方。

有男职工上门来，坐着等厂长。他心里纳闷，却不知原因。天色已晚，他见这位工人还不走，就留客吃饭，一边吃一边了解情况。那男人说，他出了一些次品，工资被厂长扣掉，没有饭吃，明天还要上他家来吃。他很有耐心地对那男人说，你明天可以过来，但有一点你要明白，大家都是靠劳动吃饭。你认真想想，因为自己的原因出了次品，是你扣掉的工资多，还是厂里的损失多？原材料的成本，人员的成本，次品卖不出去，多浪费。男人听了，羞愧地低下头走了。

有时候，她与自己的兄弟发生摩擦，他不偏不倚，公平公正地摆事实、讲道理，让双方心服口服。他也一再告诫在厂里工作的亲朋好友，一定要遵守规章制度，不能让她为难。倘若自己人都管不好，她又如何去服众？既然进了厂，就必须无条件支持她的工作。

她虽然忙，但对他和孩子的爱从没有减少过，生活上的种种关心，精神上的时时交流。在家里，她什么都听他的，维护男人的自尊。她唱越剧给他听，她和他一起翩翩起舞。遇到什么困难，她会告诉他，听听他的意见和建议。她知道他隐藏的能力，一个年年亏损的修理厂交到他手上，第一年利润就翻了两番。原因在于他尽心尽力，思路清晰，概括起来，就是"制度订好，材料管好，财务管牢"这十二个字。他替厂里去采购一辆别克商务车，成交后，店家给他一只信封，里面装着 4000 元钱，说是配件费。他不

知道这是回扣，还很奇怪这新车子哪来的配件费。他拿着这信封回厂，直接上交财务。他去买杯子。人家问他，老板，这杯子10元一只，你发票开多少？他说是多少就开多少，人家就很奇怪地看着他。他提醒她，管理上有漏洞，若不能及时堵住，就会有人浑水摸鱼，给厂里造成损失。

他坚持原则，只拿自己劳动所得的部分。有些人知道他的身份，就想通过他达到各种目的，他不经手、不参与、不贪婪。

他了解她的性格缺陷，心太直，刀子嘴豆腐心，常常得罪人。他对她说，你批评人要注意方法，不要在大庭广众之下批评，不要听到风就是雨，要叫到办公室，关上门，详细问清楚再做决定。方法不对，一点作用也起不到，根本达不到效果。他劝她不要大事小事都管，不要管得这么细，太累。

很多时候，他在她面前，扮演着导师的角色，而她也乐意当个听话的学生。

她认识的朋友太多，有困难人家都喜欢来找她，她能帮的帮，不能帮的想办法帮，自己掏腰包也要帮。不管是谁，只要有求于她，就尽最大努力去帮人家。对这一点，他是持保留意见的。认为精力有限，还是要有所选择。她却说，我们能帮忙就帮帮人家。他生气，有的人她帮了忙，连句感谢的话都没有。不知道她为了帮人家，欠了别人的人情。心肠太软，是她的一根软肋。可她从不在意，也不要人家回报。

结婚这么多年，他明白，她虽是女人，却一直在宠着他，把他当成宝。生活中，矛盾不可避免，只不过他会忍让，她愿妥协。

他做梦也没有想到，她会走得这么急。他感叹她年轻时候太操劳、太辛苦，没有休息日，很晚都在厂里。退休后，他再三跟她说,要把身体保养好,让孩子们安心,两个人可以出去旅游,享受生活。他知道她放不下,虽然交了班,可心里还是时时记挂。

他自责在她第一次体检中发现问题时,没有引起足够的重视。他以为她学过医,自己懂。以为她说没事,就真的没事。她还陪他出国旅游了一次,还高高兴兴地让大家过了一个愉快的年。也许,她已有预感,只是不想让他遗憾,不想让大家这个年过得不安,所以故意拖延。

从确诊病情到离开的那几个月时间里,他日日夜夜陪在她身边。他坐在病床前,紧紧地握着她的手,想给她温暖和力量。一家人都瞒着她实情,可他又常常怀疑,她是不是早已知晓这一切?因为,她是个何等聪明的人啊,怎么可能会猜不到呢?之所以没有揭穿,恐怕也是为了满足他和女儿们的心意吧!她永远是一个只考虑别人的女人,忘了多关爱自己。

他永远忘不了在美国的一个月时间里,她动了几次手术,受尽折磨。有一次,手术动了快四个小时了还不见把她推出来,他们心急如焚。请随行懂英语的陆医生联系,对方说早已结束,推出了手术室。他们急匆匆去找,发现她一个人孤苦伶仃地躺在走廊上。他再也无法忍受内心的悲伤,痛哭流涕。

他永远也忘不了她眼睛里对生的渴望与留恋。她说:"志良,这次看样子我熬不过去了,不能再陪你了。"

他强忍着眼泪,安慰她,让她放心,他会一直陪在她身边。

她朝他苦笑,开始交代后事,要求两个女儿女婿,以后家里的事都要听他的。一定要对他好,要关心他的生活。她说他是包龙图,公正。她是多么舍不得离开啊,离开这个她爱了一辈子,也爱了她一生的好男人。舍不得离开她的两个宝贝女儿,她倚重的两

个女婿,还有三个活泼可爱的孙子孙女。

他还是没有留住她匆匆离开的脚步,从此,漫漫长夜,只有他一个人孤独地守候着墙上的她,思念……

## 爱他就爱他的母亲

说起沈爱琴和她婆婆的关系,在当地是个美谈。按旁人的说法,说沈爱琴对婆婆,比对她自己的亲妈还要好。

在万事利,沈爱琴对所有已婚的女员工都说过同一句话,那就是对公婆一定要好。这是她多年来保持婚姻幸福的秘诀之一,你若爱自己的丈夫,就应该爱丈夫的父母。你若一心一意对公婆好,你丈夫会对你不好吗?

在处理婆媳关系这个问题上,沈爱琴无疑是个有智慧的女人。想当年,她不顾亲朋好友反对,执意与一贫如洗的屠志良恋爱,就给未来的婆婆留下了深刻的好印象,觉得这姑娘心地善良,不嫌贫爱富。再加上同一个村,知根知底,对沈爱琴的人品很是赞赏。

屠志良去黑龙江当兵,父亲卧病在床,家里没有一个正劳力,还没有过门的沈爱琴就把自己当成屠家的一员,不顾人家说闲话,一有时间就往屠家跑,里里外外帮忙做事,照顾未来的公公。当妈的在给儿子的信里,没有一次不夸赞沈爱琴好。

等沈爱琴正式嫁入屠家,屠志良的父亲已去世,她就对婆婆双倍的好,与小叔子、小姑子情同兄弟姐妹。屠家上上下下,大小事情全在沈爱琴的脑子里,安排得妥帖周到。对屠志良的母亲来说,家里不是多了一个媳妇,分明是来了一个能干的女儿。一家人每天和和睦睦地在一起,虽然生活艰苦,但心情是愉悦的。

沈爱琴的婆婆也是个很能干的女人,土改时曾当过村里的妇女主任,很识大体,所以特别理解和支持沈爱琴的工作。沈爱琴当笕桥绸厂厂长后,每天从早到晚忙于工作,几乎没有时间管孩子和家务事,婆婆从没有说过一句埋怨的话,而是在背后默默包揽那些生活琐事,让沈爱琴安心工作。

面对通情达理的婆婆,沈爱琴感恩在心。她经常跟别人说,我婆婆人真好,大气,特别明事理,很会包容人、体谅人,真心实意心疼我。只要有时间,沈爱琴就和婆婆聊家常,抢着做家务。出差回来,包里有特意给婆婆买的小礼物。和婆婆说话,从来都是轻声细语的,很有耐心。

自从沈爱琴进门后,屠家一天比一天好起来。婆婆认为这些新气象都是沈爱琴带来的,为此,她特意去灵隐寺烧香拜佛,感谢菩萨给屠家送来这么好的一个媳妇。

夜深了,沈爱琴一身疲惫回到家里。

进门,第一件事就是走到婆婆房间,轻声说:"妈,我回来了。"

婆婆抬头看了看墙上的钟,心疼地说:"又这么晚,累不累啊?

肚子饿不饿，锅里还有饭。"

沈爱琴笑着说："没事，妈，你可以休息了。"

婆婆点点头说："好，那我睡了，你也早点休息。"

第二天早上，沈爱琴走出家门前，必定会走到婆婆面前说一句："妈，我走了。"

这似乎是沈爱琴和婆婆之间一个无形的约定，多年不变，不管沈爱琴多晚回来，婆婆都会等着她。这份等待，让沈爱琴心里异常的温暖。

在她蒙冤受屈的那段时间里，婆婆开导她不要灰心，好人会有好报。她被关了禁闭，被丈夫接回家的那个深夜，婆婆见她容颜憔悴地回来，心痛得边流泪边烧开水，让她好好洗个澡，说是把身上的晦气洗掉。还给她煮了一碗糖水蛋，一定要她吃下去。沈爱琴捧着那碗糖水蛋，望着婆婆慈祥的面容，明白自己不能回家的这几天，婆婆是怎样的担惊受怕，忍不住颤抖着声音喊了一声："妈。"

泪流满面。

在生活中，沈爱琴有什么想法，都会跟婆婆交流，因为婆婆懂她。同样，婆婆的心思，她也是一眼就能读懂。

当沈爱琴重新当上笕桥绸厂厂长，婆婆为她的才能又能重新发挥而高兴。晚上吃饭，特意多烧了一个菜，让她多吃点。

沈爱琴变得更忙了。

买菜、做饭、打扫卫生、洗衣服、缝补衣服、照顾孙女，这些最费时间的家务活，婆婆和家里的两位小姑子给分担去了。

那时的农村很封建，沈爱琴整日在外和男人打交道，又起早贪黑，有时候回家都深更半夜。村里有人说起了闲话，屠志良听到了，心里不舒服，回到家里难免要对晚归的妻子唠叨几句。

婆婆闻听，马上站出来批评儿子，说爱琴为了公家的事才忙成这样，你应该全力支持她。她这么苦这么累，你要多心疼她才是。

在外面，婆婆只要听到谁说沈爱琴不好，平时对人总是笑眯眯的她就会立马翻脸，怒斥人家胡说八道，屠家的媳妇是天下最好的媳妇，任何人都没有资格对她媳妇说三道四。

所谓牙齿也要跟舌头打架，沈爱琴与丈夫也偶尔会发生摩擦或口角，任何时候，婆婆都无条件站在媳妇这一边。

当妈的就一脸严肃地对儿子说："你们两个闹矛盾，肯定是你不对，没有做好。她在外面工作已经够辛苦了，家里事能不让她操心就不要让她操心。"

婆婆对沈爱琴的好发自内心，沈爱琴对屠家人一样付出真情。屠志良的两个妹妹和弟弟的嫁娶、办喜酒、生孩子、造房子等大事，都是沈爱琴和丈夫一起给操办的，这让婆婆无比欣慰，逢人就夸自己的媳妇好。

沈爱琴爱婆婆，除了嘴上会表达，更有行动。平时，只要她在家，她就会比婆婆抢先一步起床，烧好一家人吃的早饭。她会利用一切零碎时间给婆婆讲厂里的事，讲她出差的那些地方风土人情，讲她心里的丝绸梦。每次，不管沈爱琴讲什么，婆婆都听得很开心。婆婆年纪大了，变得很爱唠叨、健忘，一件小事会反复说几遍。沈爱琴就乐呵呵地听着，只要老人高兴，她乐意当个耐心的倾听者。

渐渐地，原本腿脚灵便的婆婆变得越来越迟钝，沈爱琴就每天给她梳头，还亲自给婆婆洗头、洗澡。

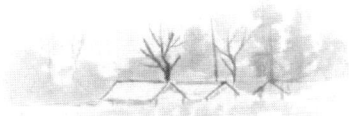

为了让婆婆能洗个舒适的澡,沈爱琴还特意花了3万多元买了一套洗浴设备,每次洗澡前,都要把小锅炉的水烧开,很麻烦。但沈爱琴不嫌麻烦,怕别人做得不仔细,她都是亲自动手。把水烧好,温度调节好,再把婆婆扶进去,边聊边慢慢擦洗婆婆的全身。等洗干净了,就用浴巾轻轻地把婆婆身上的水吸干,给她换上干净的衣裤,再扶到房间里。

年纪越大,婆婆对沈爱琴越依赖,本来很多事情可以叫保姆或家里其他人做,可婆婆只认沈爱琴一个人。她不管她的好媳妇现在是什么身份,管着多大的一个企业,在老人的意识里,只要看到沈爱琴,她就心安了。

那个保持了几十年的习惯依然在延续,每天晚上只要九点一过,沈爱琴若还没有回家,婆婆就会不停地念叨:爱琴怎么还没有回来啊? 不见媳妇回来,她就不去睡。所以没有特殊情况,沈爱琴晚上的应酬不会超过九点半。若有出差开会等事,必提前向婆婆做详细"备案",让她放心。

沈爱琴的婆婆是在89岁高龄走的。那一年,沈爱琴还为她操办了一个隆重的寿庆,所有的亲戚都来了,济济一堂,热闹非凡。那一天,婆婆非常开心,她在寿宴上说,自己一定要活到100岁,有这么好的媳妇在,她舍不得走。

婆婆病情恶化时,沈爱琴刚好在江西上饶出差。接到电话,沈爱琴连忙买票,第二天一早就赶回杭州。婆婆已处于弥留之际,但一口气就是不肯咽下去。沈爱琴坐在病床前,握住婆婆的手,像过去一样,给她讲自己的计划和安排。想到这是最后一次跟婆婆说,沈爱琴的眼泪悄悄地流了下来。婆婆有抽烟的习惯,可这个时候,她想抽也没力气再抽了。沈爱琴点了一支烟,替婆婆抽完了这人生最后一支烟。

婆婆的离开,让沈爱琴非常伤心,她多么希望婆婆能活到 100 岁,多享几年福。可天不假年,只能留下永远的遗憾了。让她庆幸的是,她与婆婆的感情成为沈家与屠家和当地婆媳关系的榜样典范。

家和万事兴,这是沈爱琴骨子里对中国传统孝文化的认同与践行。

## 她让我们懂得如何爱

这世上,真有一种人是带着使命而来。她存在的价值,比普通人要大好多倍。她不会把关注点放在"小我"上,而是在"大我"。她像太阳,把光和热辐射到很多人身上,给予温暖和美好。

沈爱琴就是这样一个人,她的爱似丰沛的春雨,洒向身边的每个人,感受最深的就是她的亲人们。

屠云仙和屠小红是沈爱琴的两个小姑子,说起自己的这位嫂子,两个人的眼泪就止不住流下来,嘴里重复着一句话:她像我们

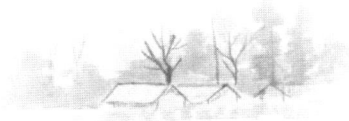

的妈妈一样。而我从她们的眼泪里也深切感受到姑嫂情深。

当年,沈爱琴嫁进屠家时,屠志良的三个姐姐和一个哥哥已成家,下面还有一个弟弟、两个妹妹,再加上体弱多病的父亲,这家人的经济负担可想而知。可沈爱琴没有嫌弃,在她心里,丈夫的兄弟姐妹就是自己的兄弟姐妹,没什么区别。两个小姑子一个比沈爱琴小 4 岁,另一个小 10 岁。她们不叫沈爱琴嫂子,而是叫阿姐。

此刻,她们坐在我对面,你一句我一句地诉说着她们心中的好阿姐。

"天下再也没有这么好的嫂子了,"屠小红感叹道,"阿姐对我们真的非常非常好,既当亲妹妹,又像当女儿一样。很多时候,我们感觉她就是妈妈,本来该我妈操心的事,都由她负责去了。"

屠云仙回忆,在阿姐嫁进来之前,她们就认识。哥哥去当兵了,走之前与阿姐订了婚。只要有空,阿姐就过来帮忙。那时候,阿姐的工作很忙,常常忘了时间,她就会跑去叫阿姐到家里来吃饭。结婚后,阿姐越来越忙,家里所有的家务事都是由妈妈包揽。哥哥的短裤破了,也是妈妈给缝好。妈妈对阿姐很好,阿姐对妈妈也非常好。

"我们阿姐胆子非常大,'文革'期间,我们在家里吓都吓死,她却跑去跟人家辩论。"屠小红接过话头,语言里是满满的敬佩。她说:"阿姐很好强,比男人还要拼,这可能跟她的性格有关。"

屠小红说自己文化水平不高,她本来成绩很好,有一次因为交不出 5 元钱的学费,觉得丢脸,就不去读书,挣工分去了。老师来叫,也没有去。

"年轻不懂事。"说到这里,屠小红叹了一口气。她的丈夫也是阿姐替她看中的,然后人家就过来提亲,嫁在同一个村里。办嫁妆、结婚都是阿姐一手操办。她在万事利工作多年,从挡车工到车间主任,都是阿姐培养她,她现在已退休。

2008年,屠小红想把家里的旧房子拆了重建,只是苦于钱不够。这房子是好多年前造的,那时钱少,质量很差。时间长了,窗户也掉下来,门也不好了。造房子需要给村里打报告,还要交押金。屠小红来到哥哥家,想听听他们的意见。

屠志良听屠小红说要造房子,就问她:"现在你家里有多少钱?"

屠小红说:"凑了11万。"

屠志良一听,摇着头说:"这么点钱怎么够? 你那房子要重建,至少需要三四十万。"

屠小红低下头说:"家里就这么多钱。"

这时,沈爱琴转过头对女儿屠红燕说:"小燕子,你去拿2万给姑姑。"然后又对屠小红说:"小红,你先去把押金交了,报告打上去,造房子的钱我们一起想办法慢慢筹起来。"

接过侄女递过来的2万元钱,屠小红的眼圈红红的。这么多年来,阿姐总是惦记着她们,她夫家也很贫困,如果没有哥嫂帮衬,都不知道这日子怎么过。

有一年,万事利集团办甲鱼场,每个职工投资3万入股。屠小红去姐姐家借了2.1万元,自己有3千元,还差6千元。她就跟沈爱琴说还差这么多,怎么办?

沈爱琴手上一时也拿不出钱,就对婆婆说:"妈,你有多少钱都借给小妹,让她去投资。我们有吃的,你就有吃的,不会亏待你。"

　　第二天,屠小红的母亲就让孙女把她攒的钱取出来,给她送了过去,让她交了投资款。

　　点点滴滴都在眼前,屠小红沙哑着声音说:"家里只要有事,跟阿姐说,她就会全力以赴帮忙。老公生病,打个电话,再忙阿姐也马上帮你解决好,有求必应。"

　　屠云仙说:"阿姐一直在为别人付出,所以关键时人家也愿意帮她。她总是想着别人,像菩萨一样,心肠实在好。只是没想到,她这样的好人,怎么会走得这么早?"

　　"是啊,我们都在想,哪怕阿姐在床上躺个五年十年,我们都会去服侍她的。"屠小红说,"现在想想很亏欠她,平时只有她来关心我们,我们很少去关心她。这次也是,以为她生病,养养就好了。阿姐也让我们不要去管她,说都 60 岁的人了,厂里有人会照顾的。我们都老老实实听阿姐的话,没有去。后来等知道了,天天跑过去,看她那样子,心里说不出的难过。"

　　"真是太难过了。"屠云仙低下头,抹了一把泪花。

　　她是在杭州锅炉厂上班,嫁在另一个地方,每周都会回娘家一趟。那时又没有洗衣机,休息天,遇上天气好,她就和小红一起去哥哥家,帮阿姐洗被子、洗衣服。

　　"本以为退休了,有时间可以多来陪陪阿姐,跟她聊聊天,没想到她竟这么匆匆走了,想不通,实在想不通。"屠小红哽咽着声音说,"我们再也没有这么好的阿姐了。"

　　人生,最遗憾的莫过于此。

　　沈爱琴对夫家兄弟姐妹关爱有加,对娘家的小辈们量才录用,精心培养,让她们在工作岗位发挥自己的才能。沈霞与沈小华这对姐妹花就是其中最好的例子,她们是沈爱琴的亲侄女,都在万事利集团工作。说起和姑妈的感情,两姐妹都有很多话要说。

小时候,姐妹俩的父母就在笕桥绸厂工作。对沈霞来说,她是看着笕桥绸厂一步步发展到现在的万事利集团公司的。

1995年,沈霞高中毕业进厂工作。沈爱琴一向重视对人才的培养,特别是年轻人,公司每年都会拿出一部分资金用于员工的深造和再教育。她并不是因为沈霞是自己的侄女要培养她,而是觉得小姑娘人聪明,有潜力,是个可造之才。沈霞听说姑妈要送她去浙江农业大学读书,学丝绸专业,还不想去。

沈爱琴语重心长地对她说:"你眼光要放远,有机会就要争取,读书不是浪费时间,以后你会明白的。"

沈霞当时还不能理解长辈的一片苦心,觉得董事长姑妈多此一举,心里还很委屈,嘟着嘴巴,一脸的不乐意。

事后,沈霞想想自己有点过分,无论是侄女身份还是员工身份,公司出钱让你去读书,这样的好事上哪找去?自己居然不懂感恩和珍惜,还满腹怨言,真是不懂事。越想越羞愧,她就跑去向沈爱琴道歉。沈爱琴让她好好读书,多学点知识,装进脑袋的才是自己的东西。

沈霞读书回来后,想着董事长姑妈会不会安排一个轻松的岗位给自己,没想到是去两班倒的印花车间当工人。说没有失落是假的,可又转念一想,是金子总会发光,姑妈这样安排肯定是为了锻炼她。

果然,沈霞在印花车间待了半年多,熟悉了整个操作流程,换岗位了。

这个新岗位一样辛苦,跑业务,针对真丝高端客户。

沈霞不开心，闹起了小情绪，她认为很不公平，没有得到一点额外的照顾。

沈爱琴找沈霞谈心，让她明白一个道理，那就是路必须要自己一步一个脚印去走。就算是沈爱琴的女儿，要接这个班，也必须从最基层做起，没有经过锤炼的钢，是成不了好钢的。

一席话，说得沈霞的脸又红了。

就这样，沈霞从一名普通的业务员，一步步到业务标兵，再到管理者，闯过了一道又一道心理与现实的难关，很有成就感。

2008年，正当沈霞不断拓展自己的业务领域，做得如鱼得水之时，沈爱琴又对她的工作有了新的安排，这次是去集团下面的服装公司当总经理助理。

沈霞皱着眉头说："我业务做得好好的，怎么又要换？"

沈爱琴说："作为业务员，你是做到最好了，但这也意味着没有了上升空间。你还需要提升，换个工作岗位对你的成长有好处。还有，年轻人多吃点苦是好事，吃得苦中苦，方为人上人。"

尽管心里不情愿，沈霞还是听从安排，去了服装公司。身上贴着老板侄女的身份标签，她的压力比一般人要大，她只能让自己优秀，更优秀，以最快的速度进入状态。

当了一年多的总经理助理，有一天，总经理突然离职。群龙不能无首，沈爱琴就让沈霞来挑这个担子。

沈霞立马拒绝，她说："我哪有能力挑这么重的担子？不行不行，这样我晚上要睡不着觉的。你们可不可以另外找个人来当总经理，我来辅助？"

沈爱琴拍拍沈霞的肩膀说："不要怕，我们在你后面，你就大胆去做，失败也没有关系，培养人才本来就是需要付出代价的。"

这时,屠红燕也走过来,鼓励沈霞,让她放手去干,她们会全力支持她。这份沉甸甸的信任,让沈霞的内心既感动又惶恐,她知道,自己唯有加倍努力,来回报这份信任。

2017年1月3日,当我走进沈霞的办公室,她正在受一场重感冒侵袭。在断断续续的交流中,她一直无法控制自己的感情,边哭边回忆与沈爱琴点点滴滴的时光印记。她跟其他人一样,在公司也叫姑妈老板。

"我好后悔以前不懂事,因为工作的事,经常与老板顶嘴,向她发脾气。有一次,我在电话里正和她争执,手机没电了,自动关机。老板以为我是故意挂掉电话,还关了手机,气得一天没有吃饭。我也很火大,想着这次再也不去道歉。等手机充好电,发现有两个未接电话,是老板打来的。"

后来冷静下来,觉得自己也有不对的地方,就去了沈爱琴家。到了家里,沈爱琴坐在那里,一句话也没有说。

沈霞走过去,低下头说:"董事长,我错了。"

话音刚落,沈霞就哭了起来。沈爱琴也哭了。见老板这么伤心,沈霞就蹲在她身边,把头靠在她腿上。

沈爱琴摸着沈霞的头说:"我批评你,是想让你改掉这偱脾气。你跟我亲女儿没什么两样。"

沈霞抬起头,眼泪汪汪地说:"我真的没有挂电话,是手机没有电了。"

看着沈霞楚楚可怜的样子,沈爱琴不禁笑了,她说:"我知道了,我就在想,谁这么大胆敢挂董事长的电话?"

沈霞听了,不由破涕为笑。在那一刻,她真的感觉有阳光照到身上,非常的温暖,这是发自内心的爱,比母爱更伟大。

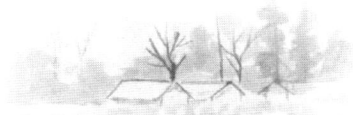

沈爱琴生病,去美国治疗的时候,沈霞是第二批过去陪她的。在医院,旁边没有人的时候,她拉着沈霞的手说:"你好,一个家族才能好,你要带领他们。你要学会包容,你是家里的老大,要做到公平公正。以后,一定要支持小姐姐工作(指屠红燕)。"

沈霞忍着泪,拼命点头,请她放心,自己一定会尽力。

刚去美国那会儿,沈霞不知道怎么照顾人,沈爱琴就教她,她就用笔记,用心做。沈爱琴特别爱干净,即使生病在床,她也要洗头洗脸,洗好脸必须要擦润肤霜,身上也要洗得干干净净的。晚上睡觉要她们拉着她的手,似乎一放,她就要走了,很让人心酸。

沈霞对我说,她妈妈生她的时候,是老板送她妈妈去医院。她生第一个孩子的时候,也是老板送她去医院。她记得很清楚,第二天,老板就要去北京开人代会了,不放心她,就主动打电话过来,问她身体怎么样。她感动得又要哭了,觉得父母都没有这样关心自己,老板这么忙还会想到这样的小事情。她向老板说了自己身体的感觉,老板马上叫司机来接她去医院。医生一检查,说她要生了。其实她的预产期还没有到,可老板凭着经验,推断她要早产,及时送她去医院,替她办好住院手续,还让司机买来生活用品、水果,把院长的电话给她,安顿了一切才离开。

第二天,她做了剖宫产术,生下一个女儿。

怀二胎的时候,老板天天给她打电话,说食堂菜不好,让她去家里吃,她烧好了菜等她,孕妇要吃的东西都让人给她买好,考虑得细致又周到。

在交流过程中,沈霞的眼泪没有停止过,好几次都说不下去,最后她说:"我现在才明白,她骂我都是为我好,我真想她能活过来,就算天天被她骂,我也愿意。我很惭愧,很多事情都没有做好,我觉得很对不起她,她这一辈子是为别人而活,她用她全身的正能量感染着我们每一个人。她教会我太多太多的东西,也给予我很多很多,我永远不会忘记她。"

我对沈霞说:"你别太难过,相信你的这份孝心,远在天堂的沈妈妈一定能感受到。"

相比沈霞的感性,妹妹沈小华要理性得多,她说自己很感谢老板,可以这么说,是老板改变了她人生的幸福指数。

沈小华说她以前跟父母关系不好,跟姐姐也不亲,因为她觉得在家里,自己是个多余的人,父母宠姐姐不宠她。大学毕业后,她只想离得远远的,在外面比在家里感觉好,是老板坚决让她回来。

沈小华很坦率,说过去的自己是个比较狭隘的人,小心眼,心态不好,明明是自己的家,却一直感觉像个外人,跟家里人很少交流。2005 年到 2007 年,她当了三年老板秘书,使她的情商提高到了另一个层面,让她的人生质量有了质的飞跃。

这是言传身教的结果。

她说,老板做事从来都是问心无愧,给别人买东西不在乎价格,但若是自己用的却会考虑。别人有事找她,不管是谁,她都会去帮人家。她教沈小华把心结慢慢解开,多与家人交流、沟通,心态一定要好,要学会如何去爱。

那三年,让沈小华迅速成长起来。

沈小华笑着对我说:"当老板的秘书不轻松,六点起床,六点半就要到公司,必须要在老板到之前把她的办公室打扫干净,不然她会认为你是一个不称职的人,而且地面必须要干的。那时候没有阿姨,所有事情都是我们员工干的。老板来检查就用两个手

指头轻轻一擦，合不合格看手指头上有没有灰尘。她做任何事情都非常仔细，出去宴请，每个细节都要过目，每天的行程都要安排好。老板走路很快，精力充沛，我比她年轻多了，可很多时候都是要拎着包小跑才能跟上。"

"她总批评我气度太小，"沈小华不好意思地说，"有一次，她让我到食堂去拿一种洋酒送人，我一个朋友跟我说过这是假酒。我就和老板说，意思是进这酒的人忽悠她了。老板说，这个酒在中国很少，要鉴定也很难，我们送出去是一份心意。在私底下，老板宁可多给员工，实际上她自己都在愁，家里没钱了怎么办。她很容易满足，就是回家吃一顿饭。她给别人的都是好的，把不好的东西留给自己。同样两箱铁皮枫斗，她把快过期的留着，另一箱送给别人。买来的人参、燕窝，都是把好的拿出去，她这样的行为彻底改变了我。所以就算只是跟在她身边，什么都不做，也可以学到很多，我的棱角也是这样慢慢被她磨平。"

"当我打开心门，才发现母亲是爱我的，姐姐也是爱我的。我收获幸福生活，离不开老板的教导。她教我怎么处理婆媳关系、夫妻关系，怎么引导孩子健康成长。如果当年我拒绝来到她身边，我想我的人生肯定不会像现在这样和谐、美满。我可能依然会心怀怨恨地生活着，自己不快乐，身边的人也痛苦，她是我的恩人，教会了我如何去爱，所以我一辈子都会感激她。"

我在沈小华的眼睛里看到了一个女人柔软的力量，我想，在沈爱琴的一生中，受她影响的岂止是一两个人？她就像那普度众生的佛，用自己的爱，让人世间多一分温暖和美好。

## 母亲的智慧

夜,深了。

沈爱琴拖着疲惫的身体回到家里,她先走到婆婆房间,轻声说:"妈,我回来了。"

听到婆婆的回答后,她又轻轻推开女儿房间的门。

屋里静悄悄的,两个小姑娘早已进入了梦乡。沈爱琴在床边坐了下来,听着女儿们安稳的呼吸声,觉得自己再苦再累也是值得的。这俩孩子,一个出生于 1969 年,性格内向,乖巧听话;一个生于 1971 年,活泼开朗,调皮倔强。对沈爱琴来说,两个女儿都是她的心头宝,那时候家里很穷,怀孕时没什么营养,特别是大女儿红霞,先天不足,早产儿,身体自小就很弱。她的工作又太忙,两个孩子都是婆婆和小姑子帮忙照顾,心里很是歉疚。她是极爱孩子的,只是为了厂里那些工人有饭吃,能过上好日子,她只能全身心投入,把绸厂办好。她相信,等女儿们长大了,一定会理解自己。

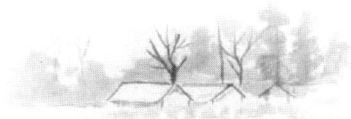

偶有空闲,她也会骑着自行车,一前一后带着两个孩子出去玩,听她们像快乐的小鸟一样,在耳边叽叽喳喳说个不停,一脸的兴奋。只是这样的时候太少了,她总是忙,为了工厂能生存下来,全国各地到处跑。不出差的日子,也常常会忙到半夜才回家。

黑暗中,沈爱琴伸出手,轻轻抚摸女儿们娇嫩的小脸,满满的心疼。站起来,替她们盖好被子,又悄无声息地走出去,掩上了门。

洗漱完毕,走进自己的卧室,丈夫已入睡,正打着鼾。她知道,他工作也很辛苦,还要兼顾家里。从鼾声里,她能感知丈夫的累。

"回来了?"屠志良被电灯的光惊醒,睡意蒙眬地对妻子说。

"回来了。"沈爱琴抬头看了一眼放在木柜台上的钟,快半夜了,便躺下。

电灯"啪"的一声关掉了。

"赶紧睡,明天还要早起。"屠志良翻了一个身,继续他没有做完的梦。

沈爱琴"嗯"了一声,合上了眼睛,很快也进入梦乡。

等东方发白,沈爱琴又是家里最早起床的一个。烧好一家人要吃的泡饭,自己盛一碗,匆匆就着咸菜吃好。她又一次来到女儿的房间,看一眼姐妹们,替她们披下被角,就出门上班去了。

母亲的这些举动,姐妹俩并不知道。在她们的记忆里,母亲整天除了工作就是工作,根本没有时间管她们。这种被忽略的感觉,让姐妹俩对母亲的那份工作生出几分不喜。长大后,屠红霞选了财会专业,进了农村信用社工作,过起了按部就班的生活。而屠红燕则被母亲寄予厚望,送出去历练,见各种世面。

多年以后，当我与屠红霞面对面坐着交流，惊讶她朴素的打扮与绵软的语调，想她在生活中一定也是个极其温和的人，与传说中她母亲强势的性格完全不一样。我估计她在父母跟前，是个听话的乖乖女，这从她已过去的半生经历可以看出，她几乎都是按照母亲的意愿，一步步走过来。

童年的屠红霞，对母亲的印象，就是一个字：忙。

她说："小时候，我和妹妹没有人管，奶奶只好不工作，就带我们两个。看到人家爸爸妈妈整天在家，我们爸爸妈妈总不在，心里还是很失落的。邻居还经常吓唬我们，说你们妈妈被人给骗走了。我们就跑去问奶奶，奶奶说妈妈出差了，过几天就会回来，我们这才放心。"

红霞的丈夫王云飞也是母亲先看中的。王云飞为人聪明又憨厚，做事很认真，话不多。又是同一个村的，了解底细，很让人放心。

刚开始，年轻的红霞对母亲的"父母之命"还有意见，半开玩笑地说："你都不给我机会多谈几次恋爱，就这么一个给定下来了。"

沈爱琴一脸严肃地对女儿说："你要相信妈妈的眼光，好的一个就够了，谈那么多次恋爱干吗？妈找你爸，也是一眼看中就定下来了。你看看，不是很好吗？再说，我不是给你们交往了解的时间吗？又不是让你马上结婚。"

红霞习惯了听母亲的话，就不再言语。当然，最重要的是，对王云飞，她心里是满意的，这个男人一看就很实在，让她很有安全感。

结婚、生孩子、生二胎、辞职、接管文化商城，屠红霞一帆风顺

的人生,优裕的生活,幸福的家庭,与母亲的关爱是分不开的。母亲太了解大女儿的个性,知道她身上的优势和弱点,所以把文化商城交给她打理,并为她配置了得力的助手。

红霞告诉我,她结婚后一直和父母住在一起,直到2009年才搬走。妹妹红燕一家也是,孩子上幼儿园了才回到自己家里住。在笕桥家里,妹妹妹夫一家住二楼,她一家住三楼。本来计划等小儿子上初中,再搬过来和父母一起住。

"我妈喜欢热闹,退休前虽然我们住在一起,但交流很少,见面也不多,因为大家都忙,很难得碰在一起吃饭。搬出去后,也就节假日、过年回来住。想着等她80岁了,再来陪她也来得及,万万没想到她会走得这么快。"说到这里,红霞已泣不成声。

在接管文化商城之前,红霞对母亲的辛劳并没有深刻体会,毕竟自己过的是有规律、轻松的小日子,直到真正接管后,才明白这么多年来,母亲有多累。

"她透支太多,注意力全在别人身上,关注自己太少。只要有事做,妈妈就会很有精神。她心很急,很好强,喜欢忙碌。我很后悔,自己在妈妈面前一直像个没长大的孩子,有时还跟她吵架。我们都太大意了,妈妈每年都体检,去年(指2015年)8月查出有项肿瘤指标偏高,医生让她过一个月再去复查。那指标是消化系统的,因为她肠胃一向不太好,还以为是那方面的问题,做了肠镜。她自己检查好,还非要让我和我老公去查。妈妈做肠镜的时候,我们都没有陪她。我和我老公去做时,妈妈和爸爸却坚持到医院陪我们。

"唯一没有遗憾的,就是她生命中最后几个月,我一直陪在她身边。特别是在美国的一个月,妈妈她太痛苦了,大大小小的手术,都是全麻,我在旁边看着就受不了,都要崩溃了,可她是那么的坚强,一直很乐观。可这么坚强的人,最后也忍不住掉下眼泪,一下子瘦了 20 斤。

"她是个成功的女企业家,更是个伟大的母亲。把公司交给小燕子之前,妈妈把她能想到的都做好,考虑周全,理顺理清了才交。交了后,她想管又怕干扰妹妹和妹夫,很纠结。妈妈对我们姐妹培养的方式不一样,这么多年,我一直在妈妈身边,没有出去过。妈妈让妹妹出去见世面,知道妹妹能力比我强。

"妈妈朋友多,求她找她的人太多了,谁来找她,她都要把事情办好。看到这么多人来送妈妈,我心里还是很欣慰的,这是妈妈的人品和人格魅力所在。现在我们都要多去陪陪爸爸,每个人把自己负责的那一块做好,让妈妈放心。"

红霞的面前,已摆了一堆餐巾纸。母亲对她而言,不只是生她养她,她认为自己今天所拥有的一切幸福生活都是母亲给予的。这份沉甸甸的母女情,今生已无法回报,这份心中的痛,也唯有时间才能医治。

现为万事利集团董事长的屠红燕与姐姐屠红霞的性格差异比较大,她说话节奏很快,很有气场。在工作中,她是理性偏多,但一提起母亲,她又完完全全变成感性的女儿。

从大学毕业进万事利,一步步成长为万事利第二代接班人,中间是漫长的历练。她不是空降兵,而是从最基层做起,骑着自行车冒着大太阳去跑业务,在工作中一点点磨去她身上的骄娇之气。

"妈妈最爱我、最了解我、最疼我、最懂我,她是我的精神支柱,是我人生的大树。"屠红燕连续用了四个"最"表达自己的心

情。母亲离去的这几个月，她一直沉浸在悲痛之中，无法自拔。

和姐姐一样，红燕说她人生的每一步都倾注了母亲的心血，没有母亲的信任和培养，就不会有她的今天。

小时候就是觉得母亲太忙了，她第一次去学校报到，是姐姐领她去的。读三年级的时候，母亲为了省事，就给她剪了个短发，再加上她性格像男孩子，看起来更像个假小子了。

"有一天中午，放学回家路上，我和几个男孩子玩捉迷藏的游戏，结果玩得太高兴，把吃饭和下午上课的事给忘了。晚上，妈妈从厂里回来，奶奶告诉她我下午逃课的事。结果妈妈气坏了，她拿来一根绳子和一把剪刀，直接把我给绑了起来，问我下次还逃不逃课，还要不要这样去玩。批评我不用功学习。我从没有看见过妈妈这么生气，吓得赶紧求饶。"

屠红燕睁着一双泪眼，陷入回忆中。

"每天早上我去上学，妈妈已经去厂里了，晚上等妈妈回来，我已经睡了，我和姐姐都是奶奶带大的。四年级的时候，我因为生病，休学一年，吃了很多药，妈妈很关心我的身体。病好后，我是直接读六年级。妈妈对我和姐姐的学习都很重视，1986年，她就请学校的一位老师当家教，给我补习功课。老师到我家来，很多时候妈妈不在家，但她会跟奶奶说好，请奶奶煮一碗糖水蛋给老师吃。

"奶奶喜欢住在我们家，妈妈忙，家里的事都托付给奶奶。奶奶对妈妈好，很认可这个儿媳妇，每天晚上都要等妈妈回来，永远都站在儿媳妇一边，不会站在儿子一边。妈妈对奶奶非常孝顺，对两个小姑也非常好。她们也把嫂子当成了母亲一样，妈妈去世，她们哭得非常伤心，比自己的妈去世哭得还伤心。"

　　母亲的言传身教,让女儿受益匪浅。不管身份和财富有什么变化,姐妹俩都善良、正直,孝敬老人,结婚后,把各自小家庭方方面面的关系处理得非常好。

　　为了女儿的前途,母亲也是竭尽所能。

　　当年红燕高考没有发挥好,没考上理想的大学,沈爱琴千方百计把她送到深圳大学去读书。又替她找了个很好的阿姨,委托照顾。母亲工作再忙,都不会忘记关心女儿的生活,把一切都安排得妥妥帖帖。在感情问题上,母亲永远都尊重女儿的选择,只要她开心就好。

　　1992 年 4 月,屠红燕大学毕业到公司实习。几个月后,杭州与东京结成友好城市,有一个去日本纺织厂研修的机会,母亲就派她去学习。

　　"在日本一年,一边做车工,一边自学日语,还是很辛苦的。妈妈对我一向比较放心,不管是读书还是研修,知道我做事还是很有分寸的,不会乱来。从日本回来后,我就顺理成章进入了公司,总觉得妈妈太辛苦,想着能不能帮她分担点。进入公司后,妈妈并没有亲自带我,而是给我安排了一位业务骨干,让我拜他为师,跟着跑业务,把我放到最基层锻炼。那时乡镇企业还没有改制,根本不可能想到接班。妈妈这样安排,是希望我能自食其力。我在工作中,接触到企业的方方面面,才有所了解,更理解了母亲的辛劳,理解她这么多年来的付出和不易。等企业正式改制后,情况就不一样了,母亲也有意识让我多管点事,捶打我,让我成熟起来。"

　　红燕也跟姐姐红霞一样,从没有想到过生龙活虎的母亲会离开,她们都因忙碌的工作忽略了母亲正在逐渐走向衰老。或者

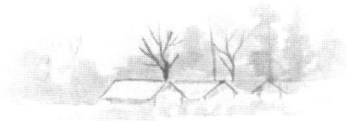

说,她们被母亲"伪装"的健康给蒙蔽了。从某种层面来讲,母亲是屠红燕的偶像和精神支柱。在她心里,只要有母亲在,遇到再大的困难都不怕。母亲走了,她一下子感觉自己整个人都变得空虚起来,无处着落。回想起过去在工作中与母亲的一次次冲突,泪如雨下。

这冲突,其实是两代人经营理念、用人观念的不同。作为老一辈企业家,沈爱琴在"四千"精神支撑下,任何事都喜欢亲力亲为,但人的精力毕竟有限,不可能什么事都自己去做。随着国家的发展,企业越来越大,机会也越来越多。面对潮水般涌来的荣誉和越来越高的关注度,沈爱琴的心变得很急躁,她自信又有毅力,迫切想改变,想快速发展,有时候难免会做出冲动的决策。她的胆子一向很大,二十世纪九十年代初,没有实力的时候,她就敢引进喷水织机,做别人不敢做的事。她办印染厂、印花厂、织造厂、服装厂、织针厂等等,有极高的战略高度,目光也看得很远,可在用人方面有缺陷,没有找专业的人来管理,导致有些很好的项目没有取得预期的效果。

屠红燕是2006年来到总公司的,她说自己和母亲主要在用人、管理和项目上有争执。事后,每次都是母亲主动来找她。哪怕争执得再厉害,母亲都会打电话过来,怕她生气。"无论工作、婚姻、生活,母亲永远是最关心我的,我开心,她更开心。"

"妈妈总是想到我的健康,怕我不开心影响身体,关心我累不累,而我关心她太少。"

沈爱琴对小女婿李建华的才气和能力很欣赏,李建华的加盟对万事利的发展起到了极大的助推作用。有母亲孝顺奶奶的榜样在,屠红燕与公婆的关系也非常好。对一个创事业的女性来

194

说，沈爱琴深知家庭和谐的重要性，所以一直教导女儿要经营好婚姻。让她欣慰的是，两个女儿的婚姻都很幸福美满。

屠红燕说，由于母亲的一路护佑，她在成长道路上没受过什么苦。有母亲在，等于有靠山在。母亲替她铺好了路，时时处处维护她的威信，哪怕是女儿错了。作为创二代，因为有母亲的陪伴，有老公的帮助，她受的挫折比别人少得多。不管是有形资产还是无形资产，外面的人脉，都是母亲多年积累下来的。她的人生、生活、事业，母亲都是她的导师。对今天的她来说，唯有更加努力，把企业做得更好，才能对得起母亲在天之灵。

有多少能力，挑多重的担子。从沈爱琴对两个女儿人生的不同"布局"，可以看出她作为母亲和万事利创始人的智慧。

## 命运因她而改变

在沈爱琴丰富多彩的一生中，有多少人因为她改变了命运的走向？没有人做过统计，但可以肯定，不会是少数。

佛说因缘，无论你遇见谁，他都是你生命中该出现的人，绝非

偶然。在 2016 年岁末的一天，我坐在刘海明的汽车上问她，假如她没有遇见沈爱琴，她的人生会是什么样？剪一头短发，素颜，衣着朴素的刘海明想了想说：如果没有遇见我们老板，我可能差不多年纪就回安徽老家去，然后找个男人结婚，不一定会在杭州。

那又会是怎样的生活？我和她同时陷入了沉思。

时光不会倒流，每天都是现场直播，但无论做哪种假设，对于今天的刘海明来说，再没有比现在所拥有的一切更好的了。

她很感恩、知足。

我开玩笑说："海明，你上辈子一定是沈董的女儿，母女情缘未了，所以今生又会遇见，在她身边这么多年。"

刘海明认真地说："在我心里，她跟我亲妈没什么两样，甚至超过我亲妈。到今天，我也没有感觉她已经走了。去家里整理她的衣物，打开衣橱，就感觉香香的。现在每做一件事，我还是会像过去一样，想一想，怎样做老板会开心。"

只要她开心就好，这似乎成为刘海明这十多年来在沈爱琴身边的一条行为准则。也许就因为怀着这样一颗初心，她不但赢得了沈爱琴的充分信任，还赢得了沈爱琴家人的高度认可，成为屠家的"编外女儿"。

我请海明讲讲她与沈爱琴的缘，讲讲命运伸出的那只神秘之手，是如何将她带到沈爱琴面前，一陪就是整整 16 年。那是她人生最美好的青春年华，让她从一个不谙世事的小姑娘快速成长起来，不但在工作上能独当一面，还有一个幸福的家庭。

这一切，既有刘海明自身的努力，也有沈爱琴的功劳。

1982 年出生的刘海明，初中毕业后来到杭州，在万事利集团公司的二楼小餐厅当服务员。两年后，她和另一个小姑娘被派到沈爱琴的包厢去服务。

之前,虽然没有直接为沈爱琴服务过,但刘海明早已从日常的工作中了解到老板的性格和喜好,知道她喜欢吃什么,不喜欢吃什么。进包厢服务,她的注意力全部集中在老板和她的客人身上,一个眼神,一个动作,她就立马做出反应。沈爱琴对聪明、脑子灵活的年轻人特别喜欢,刘海明的责任心和极强的执行力,给她留下深刻的印象。

2000年年底,沈爱琴身边的生活秘书因结婚生孩子换了岗位,急需一个人去顶那个位置,就这样,刘海明的身份从餐厅服务员,变成了老板的生活秘书,负责沈爱琴的日常生活事宜。从那一刻起,刘海明就一直跟在沈爱琴身边,直到沈爱琴因病离开。

沈爱琴是个工作狂,一忙起事情来,就会废寝忘食。该吃饭时不吃,该下班了常常忘了时间。长期超负荷的工作,透支了健康,表面看起来精气神十足,精力充沛得令人惊讶,可事实上,她的身体并不好,三天两头喝中药。刘海明做的全是细碎的杂事,什么时候吃饭,哪个点服药,每天的日程安排,等等。这生活秘书看起来轻松,可倘若没有耐心、不细心、不用心,根本做不好。

2001年下半年,沈爱琴去江苏考察,回杭州途中,因路况不好,再加上司机车子开得快了些,结果不小心造成她腰椎错位、骨折,送到医院,这一躺就是三个月。刘海明用实实在在的行动让沈爱琴对她刮目相看,倍加欣赏。

在这三个月时间里,刘海明衣不解带,在病床前侍候。虽说另外还有人晚上轮流陪夜,但刘海明是二十四小时全天候的。她完完全全把沈爱琴当成了自己的母亲,端茶倒水,擦洗按摩,陪聊解闷,毫无怨言地精心照顾。这对一个20来岁的女孩来说,真的

很不容易。实在累了,就趴在病床边打会瞌睡。沈爱琴让她去休息,她不肯,说还是在身边安心。对刘海明的付出,沈爱琴看在眼里,记在心上,非常感动。

有一天,沈爱琴看着正给她削苹果的刘海明说:"小刘,以后你做我女儿吧,等我出院,公司宿舍不用去住了,直接搬家里来住。"

刘海明有点意外,见沈爱琴一脸认真,不由羞涩一笑,这是她万万没有想到的。她到沈爱琴身边来工作,抱着一个很单纯的目的,就是把老板服务好,踏踏实实做好每一件事。她不会玩心眼,也从不偷懒。

就这样,等沈爱琴出院后,刘海明就搬进了屠家那幢自己造的四层小楼,成为其中一员。知恩图报,刘海明用她的真诚和勤快,迅速融入这户和睦的大家庭中。她没有把自己当外人,屠家人也没有把她当外人,大家相处非常融洽、愉快。

沈爱琴做事一向有长远规划,刘海明只有初中文凭,现在在她身边,不可能一辈子在她身边,女孩子总归是要结婚生孩子的,到一定年纪,也要安排一个好的去处。

思来想去,沈爱琴觉得学财会比较好,就对刘海明说:"你还年轻,还是要多读点书,将来用得着。能力重要,文凭也重要,学费我给你出。"

在沈爱琴的安排下,刘海明报了一个成教班,利用业余时间学习,读的就是财会专业。另外,通过网络教育,又学了一门行政管理。

刘海明自然明白沈爱琴的苦心,所以她也很努力,先后获得了中专和大专文凭。

转眼到了 2003 年,刘海明已是 22 岁的大姑娘,沈爱琴又操心起她的终身大事来,给她找了一个好小伙,名叫周华军,父亲已去世,与母亲相依为命。两个年轻人谈了一年恋爱,刘海明就在屠家,以沈爱琴小女儿的身份风风光光出嫁了。

出嫁前,沈爱琴慈祥地对刘海明说:"一定要对婆婆好,对丈夫好,处理好家里的各种关系。"

刘海明点点头,说明白,她会好好孝敬婆婆。

沈爱琴拉过刘海明的手,把一只装了 2 万元的红包放在她的掌心,说这是当长辈的一点心意,别嫌少。刘海明捏着这只厚厚的红包,眼泪都下来了。

结婚后,周华军也到公司来工作。刘海明还是在沈爱琴身边,即使生了孩子也一样。她舍不得离开沈爱琴,沈爱琴也舍不得她,长时间在一起,彼此的性格脾气都非常了解,感情深厚。

刘海明说:"我很感谢老板,在她身上,我学到了很多东西,这些东西让我一辈子都受益。如果没有她,我也许还是个餐厅的服务员,也许在哪里打工都不知道。"

也许是办企业太累,压力太大,沈爱琴的脾气并不好,要求又太高,很容易暴怒,公司很多人都挨过她的骂,刘海明整天跟在她身边,挨骂的次数记不清有多少。刚开始那会儿,挨了骂,刘海明就会很委屈,跑到一边偷偷哭。但哭过后,她又心疼起老板,知道老板心里的苦和累。她清楚,外人只看到老板的强势,忽略老板也是个女人,为了公司,付出太多太多,眼泪都流了好几缸。这么一想,再挨骂,她都笑嘻嘻的,她愿意当老板的情绪垃圾筒,故意找些乐子去逗沈爱琴,沈爱琴忍不住一笑,火气自然就消了。

随着沈爱琴年龄渐大,刘海明越来越觉得她像个老小孩。沈

爱琴不开心的时候，就哄哄她，有时候就上前给她一个拥抱。很多事情，以前是沈爱琴亲自去办，后来就交给刘海明去跑。每次，刘海明都给她办得妥妥的，让沈爱琴很满意。

沈爱琴退休后学画画，她让刘海明也跟着学。只是刘海明觉得自己在这方面比较粗，画不了精细的，所以一直没有下决心学。

刘海明反复跟我说，她从来都没有想过老板会生病，虽然平时看老板整天在吃药，可在她的意识里，疾病与死亡怎么可能会落在她最敬爱，永远精神抖擞的老板身上呢？她以为老板至少可以活到九十多岁，因为外婆很长寿。老板自己也说，要活到九十岁，谁知道竟会这么快离开。

说这句话的时候，刘海明一脸自责。沈爱琴去世后，她的情绪一直不稳定，认为自己没有照顾好她，没有及时提醒她去医院复查。只要一想起，她的眼泪就会止不住流下来。

"我宁可天天挨她骂，只要她活着。这么多年，几乎天天在一起。以前家里有个阿姨走了，我和司机总有一个人烧菜给老板吃。不放心老板一个人在家，因为长得胖，容易摔倒，很吓人。"

在沈爱琴生病住院期间，刘海明把所有精力都放在照顾沈爱琴身上。沈爱琴去美国治疗，刘海明因为签证没有办出，无法成行，急得直哭，可没有用，只好眼巴巴在这里等着，每天牵肠挂肚，期盼奇迹发生。

说到沈爱琴在家里的表现，刘海明笑了，她告诉我，两位老人在家里斗嘴非常可爱。比如，老板让屠爸去买菜，屠爸装作不高兴的样子说，不买，想吃自己去。老板就对她说，小刘，你看看，你爸又摆架子了。不买就不买，我们自己去买。结果等收拾好下楼，发现屠爸已把菜买回来了。

回忆往事,刘海明的眼睛亮晶晶的。她说,老板喜欢听越剧,也会唱,在家里她常常唱给屠爸听,还和屠爸一起在客厅跳舞。退休后,每天生活还是很有规律,上午九点左右,等屠爸锻炼回来,打声招呼,然后她就陪着老板去画室。中午有客人就在外面吃,没客人就在家里吃。有时候也会带客人到家里来吃。老板喜欢热闹,最好每天都是一大桌人吃饭,她最开心。

有一次,老板对屠爸开玩笑说,我女儿接班,人家叫沈红燕,你姓屠没有我姓沈的有名,要不在女儿名字前加个沈字,叫沈屠红燕?屠爸一听,马上把户口本找出来锁进保险柜里,然后对老板说,你去改你去改啊!见屠爸当真的样子,老板和她就坐在那里哈哈大笑。

现在沈爱琴长眠于南山,刘海明时不时就会跑到南山去,打扫一下卫生,和另一个世界的老板唠叨唠叨公司的事。知道老板要抽烟,喜欢拿烟招待客人,她就带烟过去。事无巨细,她都能安排得井井有条,心里从来都不慌。她说,现在大小屠总工作都很忙,她能力有限,能帮上忙的,可能也就这些小事,她就尽最大努力做好,让两位屠总和屠爸不用操心。她现在的心态也跟老板一样,只要听到人家说万事利好,她就开心;说不好,心里就特难受。她牢记老板在生病期间跟她说过的话,一定要自己实力强,有的人现在是朋友,转眼就不是,社会上什么样的人都有。只有自己强大,别人才不敢小瞧你。

沈爱琴走了,刘海明也回到公司上班,但对她来说,这份没有血缘的亲情,不会因为老板的离开而消逝,反而会越来越浓,伴随着她走向更加美好的明天。

**锦绣人生**
沈爱琴的故事

## 慧眼识珠的沈妈妈

翻开万事利的发展史，不得不承认，作为创始人的沈爱琴具有超长远的战略目光。她深谙"人"的重要性，从20世纪80年代初，她就设置了进厂的门槛，全镇公开招考，按照考试成绩择优录取。1981年，几乎就把笕桥镇一批高考落榜的高中生"一网打尽"，招到厂里来。到了90年代，就开始招大学生。特别是90年代末，曾创下一次性招107位大学生的记录。虽然很多大学生后来因各种原因离开，但留下来的都成为公司中坚力量，独当一面。像杭州万事利丝绸科技有限公司总经理马廷方、杭州文化商城有限公司总经理许春波等就是其中的佼佼者。

沈爱琴对人才的重视，识人的慧眼，在万事利中高层随便问哪个，都能滔滔不绝地说上半天。在所有留下来的大学生中，马廷方是最早的一位。说起他进万事利，可以用一句话来形容，那就是"无心插柳柳成荫"。

马廷方毕业于浙江丝绸工学院，1993年年初，万事利去他们

202

学校招人。当时,马廷方已基本确定留在学校当老师,不过既然有企业来招人,他也就和其他同学一起,随意递交了一份简历。

不久,马廷方接到了面试通知,他就抱着"打酱油"的心态,陪另一位也接到通知的女同学一起到万事利来。

沈爱琴亲自参与面试。

"你是党员?"沈爱琴边翻简历边问。

马廷方点点头,他心里纳闷,这老板怎么对政治面貌这么关心?

沈爱琴了解到马廷方出身农村,从小吃过苦,又见小伙子长得精干,谈吐不俗,也很有想法,各方面表现出来的素质都很高,心里很满意。她谈了万事利未来的发展前景,谈了她对专业人才的渴求,谈了她的丝绸梦,谈了她特别喜欢党员。沈爱琴的口才很好,讲起来特别富有激情和感染力,一席话听得年轻的马廷方也不禁热血沸腾起来。

"小马,我这里马上要引进新的设备,上一个新项目,你学的是丝绸,专业很对口,你过来干吧,我让你负责新项目。"

马廷方虽然已被沈爱琴身上所散发出来的企业家魅力折服,但想到学校那边的决定,于是有点为难地说:"老板,学校想让我留校。"

"当老师这个职业是不错,每天可以过按部就班的生活。不过小马,你这么年轻,又有文化,难道不想挑战自己?你来万事利,就有无数种可能。"

马廷方想想也是,当老师,就是每天重复着相同的内容,而来企业,却有太多的未知。年轻时候不去奋斗,难道还要等老了?沈爱琴似乎看穿了他的心思,承诺只要他来,一定会重用他。那

时候，社会上对乡镇企业还是有很多偏见，马廷方本人对乡镇企业究竟是一种什么样的性质，并没有太多的了解，见沈爱琴如此豪爽、大气，他想跟着这样的老板干，应该不会错。

最后面试结果，那位想来万事利的女同学留在了学校，而本该留校的马廷方选择了万事利，一直到现在。

沈爱琴果然说话算数，马廷方进入公司后，就负责筹建丝绸印花、印染项目。这时他才发现这工作有多累，每天早上五六点就到厂里，半夜才回，几乎没有休息天。不过农村孩子特别能吃苦，所以也不觉得。

刚开始，面对沈爱琴的高标准严要求，马廷方还有点不理解。因为他发现老板对大学生群体有个误解，以为大学生什么都懂，是全才。她通过乡镇企业局招大学生，突破很多阻力，可事实上大学生无论在专业技术上还是人情世故上都不懂，又没实际工作经验，缺乏实践能力，引起很多沟通上的问题。还有，厂里没这么多高水平的师傅来带招进来的大学生，导致留不住人。

不过有一点，马廷方特佩服老板，就是要求虽高，但又允许你犯错。她舍得花本钱，把厂里的骨干送出去读书。他是大学本科毕业，结果又和一批厂长、副厂长回自己的学校去读专科。有一部分人还是脱产去读书，每月还有工资领。她愿意等，愿意花时间让他们去锻炼，去磨炼，哪怕他们翅膀硬了飞走了，她也无悔。这让他感受到老板这个人确实不简单，心胸之宽大非常人能及，眼光高远，目标明确。她想把每一个有潜力的人，培养成真正能派上用场的人才，为企业的发展储备和积蓄力量。

从 1993 年到 2017 年，马廷方在万事利工作了整整 24 年。从刚出校门的青涩学子到成熟、稳重的中年精英，他一路目睹并参与了万事利的发展。

马廷方说:"老板对我的影响非常大,特别是那种精神的影响。以前年轻,阅历太浅,自己又不在这个位置上,所以也体会不到老板的艰辛。2001 年 1 月,万事利丝绸科技有限公司成立,自己肩上的担子更重了,碰到的问题一个接一个。想想老板那时候比我们现在条件要差许多,那就更不容易了。当时我带了 6 个大学生,现在有 100 多个大学生。公司的骨干是 70 后,业务骨干是 80 后,现在 90 后都来上班了。还有一批是老员工,以前筧桥绸厂的,都集中在此,有 30 年以上工龄的很多。这些人不适合创新,但忠诚、稳定、细心,我就让他们去从事基础管理、安全管理、检验等工作。创新和开拓性的工作全部交给大学生去干。老板培养的也是各个梯次人才,有本地的,有部队回来的,我就跟她学。现在制造业、实业面临的困难很大,压力也非常大。万事利在不断发展,内部也在不断进行体制改革、整合,过程中有很多矛盾与焦点。机场路厂区搬迁时,把我当年筹建的印花厂给淘汰了,重新办了一个高科技数码印花工厂。这过程难度也是极大的,有几百号工人需要安置,现在我很能理解老板在历次转折过程中,她的痛苦和辛劳。

"在人才架构上,老板的思路是正确的,我现在也把结构转变了。刚开始是百分之八十是工人,百分之二十是营销人员。现在反过来,工人只有百分之十到二十,设计、营销占百分之八九十。这是根基,万事利的名气越来越大,这背后是人才结构的合理性。这与老板提前布局、转变思路是分不开的。"

对沈爱琴,马廷方充满了感激之情。他说在工作之余,感觉老板就是自己的妈妈,她教会他很多东西,甚至教他怎么去追女

朋友。不仅在物质上支持,还在精神上、方法上给予帮助。她把他从一个贫困的学生,培养成能干事、能管理的人才。一路言传身教,潜移默化。不对的地方,也常批评。现在反过来看,这样的督促很有必要。

"老板身上有永不满足的个性。记得1998年,我和孙友毅,跟着跟老板去意大利,想跟世界上最好的丝绸企业去搞合作。那时候没有这条件,老板就创造很多条件,找大使馆,想尽办法。她不但有眼光,而且还会想办法去实现。虽然后来没有合作成功,但至少她有想法,并创造条件去实现这个想法。很多企业家想法很多,但真正去实现的不多。

"老板的心是开放式的,包容五湖四海,以能者上。女人的身体,男人的胸怀。格局很大,不斤斤计较。当然,这些年也走掉很多人。第一是确实不适合万事利,带的人不行,没有水平,人家走掉了。第二是人太聪明了,没看到万事利的前景,走了。第三是招两个,可能会走一个。暂时没被重用,如果坚持,机会就来了。另一个觉得没被重视就走了,很可惜。他现在是一个岗位就招一个,一个部门一年招一个。事实上,并不是最出挑的人最成功,而是坚持、有胸怀、不去计较一时得失的人才能成功。"

事实上,在万事利的发展过程中,确实有很多机会。企业的机会,跟沈爱琴敢闯敢想敢做,不打常规牌是分不开的。

对马廷方来说,他现在要做的事,就是把每个人的长处用好,各式各样的人都有自己的长处,就看你怎么用。这点,他就是跟老板学的。老板曾对他说过,寻找每个人的可取之处。作为一个领导者,必须要有人向你反映真实的情况,这样做决策时才不会发生偏差。什么样的人,她都敢用,善于用。

从一个小绸厂一路披荆斩棘,在激烈的市场竞争中生存下来,并一步步发展到现在这个规模,这与沈爱琴提前布局人才架构是分不开的,她功不可没。

在马廷方的回忆里,沈爱琴的人才架构分为本地高中生、部队转业军人、外面请来的老师傅。20 世纪 80 年代末,笕桥绸厂就从乡镇企业局借调大学生,从 1991 年开始,正式招大学生。到 1998 年,万事利招大学生不是招几个或几十个,而是上百个。从那一年开始,每年都会招很多大学生。

许春波就是第一批一次性招上来的百名大学生中的一位。那次,沈爱琴招了 130 多个大学生,最后来了 107 个。许春波到万事利第一天时,沈爱琴到寝室看他们。寝室共有 6 个人,许春波第一眼看到老板,感觉很亲切。

"小伙子,你叫什么名字?"沈爱琴笑眯眯地打量着许春波问。

"我叫许春波。"

沈爱琴就坐下来和他们聊天,问许春波是哪里人,家里的情况,学校的情况,言语之间流露着真诚的关心。

许春波的老家在内蒙古,他是个为人耿直又豪爽的汉子,他没有想到作为万事利的第一号重要人物,居然这么平易近人,这让他有些意外。毕竟自己学的是丝绸专业,应该会有用武之地。

最后,寝室里的 6 位大学生都选择留了下来。刚好,公司有个演讲比赛,沈爱琴让他们全部参加,结果许春波胜出。许春波的表现让沈爱琴很满意,对他又多了一份关注。

正式上班后,许春波被安排到顾问办公室,每天和一帮老先生在一起,学到了不少为人处事方面的知识。

沈爱琴没有忘记这位外表粗犷,心思细腻,做事认真又有才

气的小伙子。凭她识人的能力，认为这是个可造之才。四个月后，她让许春波去应聘办公室副主任。到了 1999 年 7 月，沈爱琴又让他介入人事管理方面的工作，参与人力资源招聘。2000 年 1 月，人力资源划归办公室管理，许春波的职务就变成了人力资源部副经理、办公室副主任，后又兼任团委副书记。那时候集团公司还没有办养老保险，他上任后，就把养老保险当成了突破口。

2002 年年初，万事利投资 1 个亿建文化商城，许春波被沈爱琴任命为总经理助理，负责大型设备采购及紧盯工程进度等工作。在时间紧、任务重的情况下，许春波圆满完成老板交代的任务。

沈爱琴在许春波心里，不只是董事长，是老板，更是亲人。这么多年来，他时刻牢记老板的教诲和信任，牢记对他生活上的关心和帮助。他唯有更加努力工作，让万事利变得更好，才是对她最好的报答。

在万事利集团，被沈爱琴慧眼看中的人才还有很多很多，像郝鹏、万浩元、程翀等都是其中优秀的代表。

## 肩负使命

1998 年 3 月 3 日，带着 4400 万浙江人民的嘱托，89 位来自浙江省的全国人大代表抵达北京，出席九届全国人大一次会议。

在这 89 位全国人大代表当中，有一名来自乡镇企业的女代表，她就是杭州中国万事利集团董事长沈爱琴。为了出席这次大会，她专门到省、市丝绸纺织系统走访调查，了解和收集振兴丝绸纺织行业的意见，专门准备了几个议案和建议。作为一名新代表，她深感肩负的使命，不敢有丝毫的松懈。

3 月 9 日上午，浙江省代表团在北京人民大会堂浙江厅举行全体会议，审议政府工作报告和计划以及财政报告。在会上，沈爱琴做了关于"重振浙江丝绸业雄风"的发言，赢得了代表们的热烈掌声。

丝绸，是沈爱琴心里永远的梦想。这个梦，随着时代的快速发展，越来越丰盈。

沈爱琴当了两届全国人大代表，每一次赴京开会，她都会带

着高质量的提案前往。这些提案,都是她花了大量时间和精力,经过细致的调研后写的。她说,既然当了代表,就要认真履行职责,而不是坐在那里,举举手,鼓鼓掌。

在九届全国人大二次会议上,沈爱琴把关注的目光投向了深化改革中的国有企业,在分组讨论发言中,她语出惊人,提出乡镇企业有机制、人才、资金优势,国有企业现在有困难,为什么不可以让她来接手一家国有企业,以乡镇企业的优势扶持一把。

沈爱琴这样说,是有底气的。二十多年前,她带着一群农民创业,到1999年年初,已发展成为拥有18家实体、固定资产4.5亿元的集团公司。之所以提这个建议,是她很想为国分忧,兼并经营困难的国有企业。之前,杭州有两家国有企业本来要交给她经营,为此她花两年时间搞方案,但由于种种原因,兼并最后没有成功。但沈爱琴仍不放弃,她在等待机会,她自信满满地说,相信我们农民,特别是中国农村妇女能经营好国有企业。

每次参加全国人大代表会议,沈爱琴都特别认真,从政府工作报告中寻找对企业发展有利的机遇。在九届全国人大三次会议上,沈爱琴意识到中国即将加入世界贸易组织,对丝绸业是一个机遇与挑战。她认为,纺织、丝绸业是中国的传统产业,资源丰富,劳动力廉价,产品上档次、水平高,其他国家比不上我们,这是优势。另外,国际市场上需要大量丝绸纺织品,只要我们的企业与国际接轨,加入世贸组织后,经营环境就会好起来。纺织丝绸业属基础型、劳动密集型行业,改革开放以后,万事利集团不断引进先进的设备、管理和技术,为企业的发展打下了良好的基础,使企业具有一定的竞争能力。她预测,加入世贸后,可能会对重工业、高科技产业带来比较大的冲击,但对于轻纺丝绸行业,入世会带来更多的机遇。当然，挑战也很严峻，就是如何巩固产品在国际市场的地位，并挖掘潜在的市场空间，是丝绸企业下一步发展的关键。

从北京回来后，沈爱琴为迎接中国加入WTO，做了很多准备工作。从瑞士、意大利、德国进口高档设备。从高级管理人员到技工到工人，招聘有专业技术的大学毕业的人，也招聘政府机构精简后的纺织行业的干部，请外国专家继续培训工人。在产品设计上，不断创新，有新意，要符合国际市场的潮流。

熟悉沈爱琴的人都说她胆子特别大，敢闯、敢说、敢做。2001年3月8日上午，在浙江代表团的座谈讨论会上，轮到沈爱琴发言了，她在介绍企业发展的情况之后，突然脱离讲稿说："我是一个农民，我在乡镇企业工作了几十年，我从自己的亲身经历体会到，我们的企业能够顺利地发展壮大到今天，全靠党的领导，全靠许多干部的关心帮助和支持。现在有这样一个误区，报道了极少数领导干部违法乱纪的案件，有些人就错误地以为'当官的没一个好的'，我们要把这种错误认识扭转过来。"

说到这里，不少代表自发鼓掌。

接着，沈爱琴又说："我们要多多宣传好的干部、好的典型，激励大家齐心协力，为实现'十五'目标而奋斗。"

据沈爱琴二十多年的朋友，原浙江省财贸工会主席章凤仙回忆，沈爱琴当过三届政协浙江省代表，两届全国人大代表。每次开会，她们两个人都住一个房间。沈爱琴给她的印象就是一个坚强的女性，伟大的创业者，一个成功的女企业家。每次开会之前，沈爱琴都会做很多调查工作，特别是丝绸方面的。还有跟老百姓有关的，轻工业发展的，每年都要交很多提案和议案。胆子大，敢

讲真话、实话。她不讲什么理论，都是实实在在的例子。有些人根本不敢说，怕得罪领导，她敢说。

2002年去北京开会，沈爱琴穿了一件最新流行的唐装，手中又拿了一件红色的唐装发言。

她说："去年上海 APEC 会议上各成员单位领导人穿起了漂亮的丝绸唐装，我们企业抓住这个因为流行而带来的消费市场，加紧生产唐装面料和成品，销路好得很。我们办企业的，眼睛就是一刻也不能离开市场。"

章凤仙对沈爱琴在某些细节上表现出来的智慧很赞赏，比如别人开会为了保险，多选择黑、深蓝或白色等比较保守色彩的衣服，可沈爱琴每次都穿自己企业生产的丝绸服装，颜色"出挑"，在人群中一眼就能吸引人的视线。哪天若衣服颜色深了，她就围上一条红围巾或色彩鲜艳的丝巾，随时随地为她的产品做广告。

"沈爱琴很善良，她对一些有困难的代表特别关注，比如农村来的，有的是少数民族代表，她就想去帮助人家。她这个人有个特点，就是不管是对当官的，还是对平民百姓，都一样，没有任何歧视。越是困难的，越对他们尊重。她是个特别懂得感恩的人，每年她在北京都要买很多大会的纪念封明信片，寄给朋友们，这一寄就是整整十年，一般人根本做不到。

"在丝绸行业处于最低谷的时候，她为了引起中央领导的注意，拿着各种材料去跑。她不是为了自己，而是为了整个中国丝绸行业，后来丝绸行业得到重视，跟她的努力是分不开的。"章凤仙说。

2004年2月11日中午，在代表下榻的杭州新侨饭店，列席浙江省十届人大二次会议的沈爱琴，利用午休时间，征求部分省人大代表对自己所写的 9 件议案和建议的意见,准备修改后带到北京去。

沈爱琴的议案是要求尽快制定国家公务员法、民营企业法、预防职务犯罪法、促进就业法、工资法和失地农民社会保障法规等议案以及关于尽快出台社会保障法和关于改善我国劳动模范待遇的建议。沈爱琴说,作为一家民营企业,万事利的发展过程也就是反哺农业、带动地方经济发展的过程。当代表,就是要替老百姓说话。

部分省人大代表针对沈爱琴的提案各抒己见,纷纷发表看法,沈爱琴一边仔细听,一边认真记,她说要把这些建议带到北京去。

2005 年,沈爱琴又提出尽快制定农民职业教育法等议案。认为我国现行法律、法规对农民职业教育的规定缺乏系统性、全面性,可操作性不强。为农民职业教育立法,目的是构建完善的农民职业教育体系,包括目标体系、管理体系、组织体系、监测与评估体系及保障体系等,以适应农村经济多元化格局及农村社会结构多层次的发展趋势,进一步丰富农民职业教育施教内容,拓展实施渠道和途径。

我国约有 75% 的人口没有任何形式的保险来保障他们的基本健康。全国居民一年医疗负担达 6000 亿元,占 GDP 的 5.4%,全国有近三成家庭因病致贫。针对这些问题,沈爱琴与其他 30 位代表一起,提交了《社会和医疗保障体系应健全》的议案,建议尽快出台最低生活保障法,以法律形式进一步规范低保工作的运作。建立和完善低保的"准入"机制、就业援助机制、分档救助制度、动态管理机制、违规操作的惩处机制、社会医疗救助体系、低

保工作组织保障机制等。

2006 年,在十届全国人大四次会议的开幕式上,温家宝总理的报告引来了一阵又一阵热烈的掌声。

沈爱琴是个有心人,她在审议总理政府工作报告时,用钢笔很完整地记录了代表们在听取温家宝总理会议发言时的每一次掌声,心潮澎湃。

在 3 月 15 日上午的闭幕式上,沈爱琴格外激动,因为在新修改的"十一五"规划纲要草案稿上,出现一处文字改动:第十四章的"提升轻纺工业水平"中,已经改为"扩大产业用纺织品、丝绸和非棉天然纤维开发利用",而此前提交代表审查时,这句话中没有"丝绸"两字。

毋庸置疑,这是沈爱琴的功劳,因为她提交了《弘扬丝绸文化,发展丝绸产业》的议案。

当初,"十一五"规划纲要草案稿分送代表审查时,沈爱琴就在思考丝绸产业在"十一五"期间的地位和前景。3 月 7 日,温家宝总理来到浙江代表团参加审议,沈爱琴抓住发言的机会,大胆说出了心里的梦想。她说丝绸是中国民族产品,几乎每个人的生活都少不了。她建议,国家在"十一五"规划纲要中要明确推进丝绸产业发展。温总理记下了她的话,并当即对沈爱琴的建议表示了肯定。

第二天,参加"十一五"规划纲要草案起草的国家发改委同志,来到浙江代表团征询翔实的意见。沈爱琴再次坦率地表达了自己的看法:现在丝绸行业发展很艰难,国家要采取措施,引进高新技术,提升传统行业,打造自主品牌,让丝绸等传统行业能有更高的附加值,更好地发展。

多年努力,终于得以重视,沈爱琴不由喜极而泣。

2007 年 3 月 2 日,拖着病后初愈的身体,沈爱琴抵达北京。这次她带来了《关于尽快制订中国企业社会责任标准开展企业社会责任认证》的议案。这是她在了解到国际社会日益关注的"企业社会责任"活动越来越直接影响到我国经济社会的发展的情况下,在查阅了大量国际相关制度,研究国内企业的现状后,形成的议案。

为解决老百姓看病贵的问题,沈爱琴提出了关于加大药品监控、稳定药品价格的建议。为使我国专业技术人员的继续教育有法可依、有章可循,她建议尽快制定国家专业技术人员继续教育条例。为应对老龄化危机,她又提出了《关于在我国推行"基地养老"》的议案。

当调查了解到女职工劳动保护相关政策难以真正落实时,一条修改《中华人民共和国妇女权益保障法》的议案又在沈爱琴的脑海里成形了。此外,她还提出了打造城市品牌、在奥运会颁奖典礼和开闭幕式中采用中国丝绸做标志纪念物等十个议案。

在所有议案中,用丝绸做标志纪念物最引人注目。

这个念头不是沈爱琴临时起意,而是早几年就有了。她注意到 2004 年雅典奥运会在颁奖典礼上给获奖运动员颁发了象征和平的橄榄枝,就琢磨着 2008 年北京奥运会开闭幕仪式及颁奖典礼上,是否可以采用有着 6000 年历史的中国丝绸作为奥运会标志纪念物。

在 2006 年的全国人代会上,沈爱琴就对温家宝总理提起过这个想法,当时温总理的回答是"重振丝绸雄风,敢为人先!"经过一年的精心准备和研究,她就正式提交了这个议案。

连续两届当选全国人大代表,参加了 10 年"两会",每次,沈爱琴都会带着各种颜色和款式新颖的丝绸服装,一天换一个形象,把自己当成"活体广告"。她梦想有一天,能将中国的丝绸文化推向世界,让更多的人了解丝绸,喜欢丝绸。

沈爱琴相信,这一天一定会到来!

第七章
荣光与哀伤

一个身影，挟着午夜的黑
沉入记忆海
永远，成为一个动词
随怀念的音符跳跃

前方地平线
升起她时代的荣光
耀眼，含泪微笑
一个传奇正走在抵达彼岸的路上

## 与疾病博弈

　　谁都没有想到沈爱琴会生病，包括她最亲爱的丈夫和两个女儿，以及身边最亲近的人。

　　多年来，沈爱琴一向给人精力充沛，似乎永远不知疲倦的印象。再加上她身边有许多医生专家朋友，她自己又曾当过"赤脚医生"，平时也常见她在用中药调理，于是所有人就有了这样一种错觉：她身体很好，她很会保养，她很健康。其实，长期高强度的工作让她的身体并没有像表现出来的那么好，再加上曾经动过几次手术，底子是欠缺的。

　　沈爱琴习惯了付出，习惯了关心别人，她天生是个操心的命，喜欢"多管闲事"，是万事利集团的大家长。外界过多地牵掣了她的精力，让她忽略关注自我。而她强大的气势也让别人忽略她是个女人，是个正在走向衰老的女人。她对自己的要求很高，始终保持一种积极、完美的形象，给人正能量，鼓励别人，把疲惫、辛劳和压力等所有不良情绪隐藏起来，这让她活得很累。

2015 年 8 月,沈爱琴在医院一次例行体检中发现有个肿瘤指标 CA199 偏高。后又去另一家医院复查,查出了胃息肉,还以为是受这个影响,医生建议手术。第一次麻醉过敏,手术就没做,医生让沈爱琴一个月后再来。就这样到了 11 月份,沈爱琴去做胃息肉切除手术。这次,她没有麻醉,虽是微创,毕竟也疼痛,但沈爱琴忍住了。胃息肉手术后,沈爱琴就自己搞了点中药喝喝,到 12 月底去复查,CA199 指标有 100 多了。

屠红燕打电话去咨询浙江省内胃肠最知名的专家医生,人家说这是息肉影响,不会有问题,都查过了,没事。屠红燕一听也就放心了,再加上忙万事利四十周年庆的事,又快过年了,事情特别多,就没想这么多。她大意了,她以为母亲身边有这么多保健医生在,如果有问题,早提醒了。她没有想到这是肿瘤指标,数值这么高,一定有问题。而沈爱琴则考虑到春节不远了,如果自己搞得兴师动众的,会影响大家过年,不如等年后再去医院复查。

这个春节,屠红燕带着父母飞往深圳玩了四天,住了三个晚上,沈爱琴很开心。回到杭州后,来屠家拜年的亲朋好友络绎不绝,她也每天精神抖擞地陪着。每个人只看到沈爱琴那张笑眯眯慈祥的脸,谁也没有注意到,她身体的不舒服感在一天比一天强烈。

春节后,屠志良催沈爱琴去复查,沈爱琴一直拖到 3 月 9 日,才在家人陪同下去了医院检查,查出来十二指肠有肿瘤。这下,大家慌了。

第二天,屠红燕和姐姐屠红霞、父亲屠志良一起带母亲到另一家医院做增强型的核磁共振,最后确定是十二指肠勾突部胰腺癌,情况看起来很严重。

晴天霹雳。

两姐妹当场泪奔，这个结果让她们无法接受，母亲才70岁，刚刚开始享受轻松的晚年生活，老天为什么要对她如此不公，让她得这样的病？

从这一天开始，屠红燕和姐姐红霞放下一切，投入到如何救治母亲这件事上，她们要不惜一切代价，把母亲从死亡线上拉回来。为了不影响沈爱琴的情绪，家里人商量后，决定不告诉她检查结果。

确诊母亲病情后，花了三天时间，屠红燕咨询了北京、上海、浙江三地最好的专家教授，综合沈爱琴的病情，最后通过各专家医生的综合评估，联系到了上海瑞金医院彭承宏主任为沈爱琴动手术。

3月13日，屠红霞替母亲办好了住院手续。

接下去三天，沈爱琴在医院里做了各项检查，为手术做准备。16日晚上，屠红燕开车前往上海，接教授到杭州。她当时满脑子只有一个念头，就是尽快手术，只要动了手术，母亲的病就会好了。

第二天早上8点30分，沈爱琴被推进了手术室，屠志良和红霞、红燕、海明等人都在手术室外等候着。从发现病情到动手术，前后才一个星期，速度之快，令人惊讶。

时间在滴滴答答地过去，每一分每一秒都是那么的难熬。每个人都坐立不安，一会朝手术室门口张望，一会低声商量着什么。屠红燕感觉自己的心悬在那里，无处安放。可又没办法，唯有默默祈祷手术一切顺利。

两小时后，手术室的门突然开了。屠红燕她们迎了上去，出

来的医生告知了一个不好的消息,情况比想象中严重,不能动大手术,只能尽可能把肿瘤部分切除,否则搞不好连手术台都下不了。大家听了,心情越发沉重。

等待,是如此的漫长,让人坐立不安。

中午 12 点 30 分,手术结束。四小时后,沈爱琴被送进监护室。

肿瘤的切片被快速送去检验,当一纸诊断放在屠家姐妹面前,两个人的脸色瞬间变得惨白。诊断书上白纸黑字,无情地写着:十二指肠中分化腺癌。

屠志良捏着那张薄薄的诊断书,手在颤抖,这一个星期来,他还没有从妻子得此大病这个事实中回过神来。辛苦了一辈子,忙碌了一辈子,终于可以停下来,老两口一起去走走,看看国内外风景,没想到她却病倒了,这让他怎么接受得了?

面对残酷的现实,眼泪解决不了问题。父亲年纪大了,姐姐认识的人没有妹妹多,屠红燕自觉地挑起了肩上的担子,由她来负责、安排母亲的治疗事宜。父亲和姐姐陪伴母亲,公司的事交给李建华,她全身心来做这件头等大事。接下去三天,沈爱琴都躺在监护室里。屠红燕看到母亲身上插着这么多管子,心如刀绞。如果可以换,她真的愿意替母亲受这个罪。

20 日晚上,屠红燕和李建华飞法国出差。

临走前,夫妻俩来到病房,屠红燕对母亲说:"妈,医生说您的手术很成功,您好好静养,我和建华去法国出差,过几天就回来。"

去法国,是原定的计划,是和世界最知名的奢侈品大牌谈合作,沈爱琴是知道的。女儿、女婿按期出差,说明一切如常,沈爱琴点点头,嘱咐女儿、女婿路上注意安全。她这边照顾的人多,没事,不用担心。屠红燕竭力克制内心的情绪,让母亲放心。

屠红燕和李建华人在法国,心系着病床上的母亲,随时与医院的陆医生保持着联络。

一个星期后,医院拔掉了沈爱琴身上的胃管,医生想让她吃东西,结果发现她根本吃不下去。而在这之前,她开始出现发烧现象。检查后所有人陷入了一个无情的现实旋涡:沈爱琴胃瘫了。

胃瘫,是腹部手术,尤其是胃癌根治术和胰十二指肠切除术后常见并发症之一。是指腹部手术后继发的非机械性梗阻因素引起的,以胃排空障碍为主要征象的胃动力紊乱综合征。胃瘫一旦发生,常持续数周甚至更长时间,目前尚缺乏有效的治疗方法。而沈爱琴的胃瘫,一直伴随她到离开人世都没有恢复过来。

屠红燕和李建华在法国办好事情,一刻也不耽搁,又飞回来,半夜到杭州,第二天一大早就直奔医院。沈爱琴看起来比手术前虚弱多了,不能吃任何东西,靠输营养液是无法保证身体所需的全面营养的。

坐在病床前,握着母亲柔软的双手,屠红燕心里是说不出的难受,可脸上又不能表现出来,嘴上也只能说些宽慰母亲的话。沈爱琴从女儿的眼睛里看出她的焦虑和担心,反过来安慰她,让她多注意自己的身体,公司这么忙,不用一天到晚来陪着,她身边有这么多人在,没事的。见母亲这个时候,考虑的还是自己,屠红燕的眼泪都快下来了,只好拼命忍着,点头。

这边母亲的病情迟迟不见好转,那边李建华又生病了,突然高烧不退,40.9摄氏度。屠红燕急坏了,赶紧联系医生,然后把老公送到医院的呼吸门诊,一直忙到晚上快10点才安排好一切。

这一夜,屠红燕没有合过眼。一边是母亲的病房,一边是老

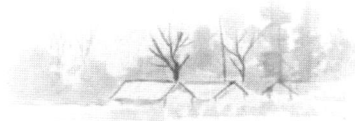

公的病房,两两相对。两个她生命中最重要的人都躺在病床上,这叫她如何安心?她感觉自己的心被撕成了两半,疼得她眼泪"吧嗒吧嗒"地掉下来。

第四天,李建华的高烧终于退了,屠红燕总算松了一口气。她已经连续陪护了三个晚上,在母亲和老公的病房间来来回回,整个人处于焦虑状态。没有人知道她内心所承受的煎熬,对母亲的爱,她自责平时的疏忽,疑惑这么快动手术是不是过于草率,忧心母亲的胃瘫什么时候才能好起来。人是铁,饭是钢,不吃下去,怎么有力气跟疾病斗争?从小到大,这是她第一次遭遇到人生的最大痛苦,不知该向谁诉说!

祈祷,祈祷,祈祷。

这个时候,屠红燕真的相信在无垠的宇宙,有无所不能的神灵会护佑她的母亲,她亲爱的家人健康、平安!

## 艰难的抉择

2016 年 4 月 14 日早上 4 点 30 分,睡意蒙眬的屠红燕接到姐姐红霞的电话:"小燕子,妈妈肚子痛了一夜,怎么办?"

"好,我马上过来。"放下手机,屠红燕飞快穿衣起床。

自从母亲病后,她就没有好好睡过一觉,即使在家里,也是心神不宁,工作更没有了心思,满脑子都在想母亲的病情,查资料,咨询医生了解病情,从国内到国外。挑着拿主意的担子,每一个选择都关系到母亲是否能好起来,压力可想而知。

手术后 10 天,沈爱琴开始肚子痛,有时痛得不能躺下,只能坐着,整日整夜,这种痛苦非亲身经历的人无法体会。经 B 超检查,有包裹性积液,必须要做穿刺手术,但有风险。不过经过医生解释后,沈爱琴还是决定过两天试试。

屠红燕赶到医院,沈爱琴看到她,说了一句:"今天必须要进行穿刺手术。"

语气坚定,神情非常严肃。沈爱琴是个忍耐力极强的人,可这不分昼夜的疼痛,引起了她的怀疑。最关键的是,凭她的医学知识,感觉这痛点似在胰腺的位置。

"好的,妈妈,我去跟医生确定。"屠红燕看着母亲疲惫的神情,心疼地说。

经各科医生再三确认,上午 9 点 30 分,沈爱琴进行了体外穿刺手术。

15 分钟后,手术成功,大家松了一口气。

那几日,屠红燕想尽一切办法,请上海的、南京的各路专家到医院来给母亲会诊,情况很不乐观。国内不行,那就找国外的医生看看。通过朋友,屠红燕联系上了美国梅奥诊所的医生。经过沟通交流,他们提到一种可能性:采集 T 淋巴细胞(T-CELL),进行培养,再让淋巴细胞学习,能够识别这类癌细胞后,重新植入病

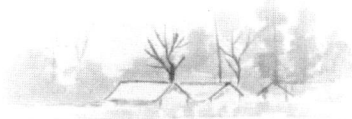

人体内。这样淋巴细胞会自动在病人体内寻找并杀死癌细胞制造者（MUCI），这种方式在肾癌、NSC肺癌等治疗上已成功。

这个信息对屠红燕来说，无疑是一根救命稻草。她想，也许此方法对母亲的病也有效，心里又萌生了希望。

新的一天开始了。

凌晨3点，屠红燕就醒了，在床上翻来覆去睡不着，脑子里闪过各种各样的念头。5点多起来，一个小时后就出现在医院。她感觉自己像回到了童年，整天盼着见到妈妈。见到了，就想着为母亲去做点什么，希望母亲开心。她从没有这样陪过母亲，整日整夜地守着，怎么看也看不够，好像要把之前所有亏欠的陪伴都弥补回来。

由于穿刺手术后线缝得太紧，沈爱琴又躺不下去了，肚子痛。第二天早上，陆医生来上班，给她换了线，肚子痛的症状才减轻一点。

虽然不能吃，不能睡，时时刻刻受疾病的痛苦折磨，沈爱琴脸上一直是淡定的笑容。有人来看她，她总是微笑着面对大家，保持一贯的风度与和蔼。说大家工作忙，不用来看她，她没事，小毛病。不管什么时候，她心里想的永远是别人。

住院期间，沈爱琴每天坚持听收音机，关心国家大事。有时候病房里的人说话声音重了，打扰她听新闻，她会提醒大家别说话，等她听完再讲。每次护士给她打好针，换好药，她都会微笑着说一声谢谢！

手术后第15天，陆医生送来了沈爱琴最新的化验报告，CA199指标居然飙升到2981，陆医生让沈爱琴再做一次增强磁共振和胃CT。

"小陆，是不是我的胰腺有问题？"检查结束后，沈爱琴突然问陆医生。

陆医生心里一惊，他悄悄看了一眼站在边上的屠红燕，然后故作轻松地说："沈董，你的胰腺没问题，放心吧！"

沈爱琴听了，沉默了几秒钟后说："胰腺没问题就好。"

"当然没问题了，你别胡思乱想。"屠志良拍拍妻子的手背，安慰道。

屠红燕在旁边听着，心在滴血。她很怕母亲知道自己真实的病情，可心里又在嘀咕母亲是不是已猜到了什么。毕竟，自己的身体自己清楚，更何况母亲又不是一点不懂。但既然母亲没有继续追问，那就能瞒多久是多久吧！

原本按治疗计划，手术后 6 到 8 周就要开始化疗，可沈爱琴的身体根本不可能承受化疗，胃瘫一直没有好，又无药可医，只能等。

于是，身边每个人都对沈爱琴说，化疗不用做，现在就要想办法恢复肠胃功能，等恢复了，能吃能睡，病自然就好了。沈爱琴听了很高兴，好多天什么都不能吃，太难受了。每天到吃饭时间，看着身边的人吃饭，她还是有点嘴馋。后来，怕刺激她，吃饭的时候大家都走到外面一个房间去吃，不让她看到。

屠红燕向台湾一位资深的放射科专家郑慧正博士咨询了美国梅奥诊所免疫细胞治疗的情况。根据沈爱琴的病情发展，郑教授给出了免疫细胞治疗比化疗好，应该去尝试的建议。这坚定了屠红燕带母亲去美国治疗的信心，于是开始积极做去美国的准备工作。并与美国梅奥诊所的主治医生通视频电话，对相关治疗方案进行沟通。

　　沈爱琴也希望去美国治疗,虽然她一再对身边的人说,不要紧的,以前那么苦都过来了,这点小困难打不倒她,但手术后快一个月了,身体情况没见好转,胃瘫没恢复,疼痛没有减轻,不得不考虑。只要人稍微舒服点,她就会让丈夫一手提着吊瓶,一手扶着她到医院走廊走几步。她从来都不是个软弱的人,她的意志力比一般人要强得多。

　　有一天晚上,沈爱琴睡得很好,醒来就很有精神,她就想去外面走走。当屠红燕再次出现在母亲病房,看到母亲脸上久违的笑容,惊喜得差点跳起来。

　　"小燕子,今天你带我去西湖边转转,把陆医生也叫上。"沈爱琴微笑着对女儿说。

　　"好的好的,妈妈,我们一会就出发。"屠红燕开心地答应。

　　"给我换一身好看的衣服,对了,还有帽子,我要戴墨镜。"沈爱琴吩咐道。

　　"好的,好的。"看到母亲情绪这么高,屠红燕很高兴。

　　四月末,是杭州西湖最美的时候。

　　沈爱琴坐在湖边,春日的阳光洒在她身上,让她感到阵阵暖意。风中,湖水轻漾,似有万般柔情深藏于心。岸上,柳枝越发的绿了,散发着勃勃生机。有游船或摇橹或机械,从眼前晃过。游客们的脚步显得匆忙些,他们在忙着拍照,忙着到此一游。当然,也有慢悠悠欣赏的,不急不躁的步履,脸上写着安静。

　　有多久没有出来了?沈爱琴微微闭上眼,深深地吸一口这带着春天花香的新鲜空气,深切感受活着的美好。想她已过去的70年,似乎一直在忙碌,一直在为别人活着,为企业活着。她可曾有一天是为自己而活?为了心中的丝绸梦,她流了太多的眼泪,吃了太多的苦,受了太多的委屈。她可曾后悔选择了这一条艰辛的创业路? 倘若当年她没有接管笕桥绸厂,她的人生又会是怎样的色彩? 如果时光能够倒流,她相信自己还是会选择创业,因为这是她今生的使命。庆幸的是,她的梦想之树早已深深扎根大地,枝繁叶茂,她坚信,万事利的明天一定会更好。

"我想喝咖啡。"沈爱琴转过头,对跟着的两个女儿、丈夫和刘海明等人说。

"妈妈,咖啡不能喝。"屠红燕温柔地对母亲说。

"我就喝一小口。"沈爱琴把目光投向陆医生,说:"小陆,可以吗?"

陆医生想了想说:"那就一小口。"

"好,就一口。"

沈爱琴像个孩子一样笑了,可身边的亲人们心里却是说不出的酸涩。

屠红燕强忍着内心的伤感,她多么希望母亲能早日康复,享受这美丽的湖光山色,享受这一家人在一起的幸福时光。

只是现实的风雨是那样的残忍与无情,5 月 4 日,沈爱琴的血样检验,那个备受关注的 CA199 指标值达到了令人心惊的 9000。面对这个结果,绝大多数医生认为沈爱琴身上的癌细胞很有可能已经转移,或者说切除得不干净,有残留。有专家认为,炎症消除比癌症治疗更重要,把胃瘫治好是最最关键的,一定要稳住,不能乱了阵脚。

屠红燕快崩溃了,她接下去该怎么办? 听谁的? 谁能真正帮到她? 这么久了,胃瘫一直不见好,谁也不能给她一个准确的答复。指标数值一天比一天高,她感到从未有过的无力,那是一种

眼睁睁看着至亲的人落水,却不能拉她上岸的绝望。

病急乱投医,这个时候,只要谁跟屠红燕说什么法子有用,她都会去试。只要母亲能好,花多少钱她都觉得值。

"妈妈,我只要你活着,好好活着,我愿意为你做任何事。"屠红燕含着眼泪把目光投向虚空,虔诚地祈祷。

风远远地吹来,树叶发出沙沙的声音。去美国,不管多少人反对,不管路途有多艰难,一定要带母亲去治疗,不然她会后悔一辈子。

## 惊心动魄美国行

2016 年 5 月 10 日,屠红燕和医院的吴主任从浦东出发,转机东京,前往梅奥诊所,为下周接母亲到美国治疗安排好一切。

当屠红燕走进梅奥,眼前的一切完全颠覆了她对医院的认识:这分明是一家有深厚文化底蕴的五星酒店,哪里是人群喧哗,散发着药水气味的医院? 不由心生敬畏,同时也燃起了希望的火苗。

第二天一早,梅奥国际部的 James 来接屠红燕和吴主任,带他们去见放疗科的医生。这位年轻的医生了解了沈爱琴的病情后,建议先做化疗,时间需二到三个月,再做一个半月的放疗。

在与梅奥医生见面会诊时,屠红燕带了好多问题,比如,胃瘫一直没好,如何保证营养和是否能马上进行放疗或化疗? 先做化疗,还是先做放疗? 如何才能让胃瘫尽快恢复? 免疫治疗的成功率有多高? 风险在哪里? CA199 指标高,是否意味着复发? 等等问题需要咨询,了解解决方案。如果说,沈爱琴生病前,屠红燕对医学知识一窍不通,那么这两个月来,她是逼着自己"速成"为专业医生。

肿瘤科的医生认为,免疫治疗比化疗和放疗都要合适。此疗法三周为一个疗程,静脉注射,三周后 CT 检查。每三个月做一次检查。免疫治疗不能和化疗一起做,但可以和放疗一起做。由于沈爱琴的 CA199 升得太快,需要放疗和免疫治疗一起进行。不过,需要检查后才能确定是否能做。

安排好相关事宜后,屠红燕和吴主任飞回国内,相关手续她早已在办,接下去就要抓紧时间办签证。

5 月 16 日,沈爱琴的 CA199 指标已到 12000,一个令人恐慌的数字。5 月 23 日,屠红燕和父母、姐姐,还有陆医生等人飞往美国。

此行,屠红燕的压力比任何人都要大。去美国,姐姐红霞是反对的,怕万一去了回不来怎么办? 这个她不是没有想到过,可母亲想去,就一定要帮母亲完成这个心愿。她去问父亲,父亲说,你妈想去,就去。

一锤定音。

屠红燕万万没有想到,飞美国的路上竟然会如此的惊心动魄,以至于事后回想起来,她都会产生瞬间的恍惚,怀疑自己是否真的经历了那场几乎不可思议的旅程。在非常时期,她第一次发现自己身上潜伏的能力和处理突发事件的果断和勇气。

这一切,都源于她对母亲的爱。

出发那天天气很好,早上六点多,屠红燕就到病房去接母亲。她看到母亲早就起来坐在那里等她,整个人看起来精神很不错。他们与亲友们一一道别,前往萧山国际机场。

上午 10 点,随着巨大的轰鸣声,海航的专机慢慢升空,飞向蓝天。看着灿烂的阳光,所有人都把这视为一个好兆头。不过,屠红燕不敢掉以轻心,毕竟要飞 15 个小时,能否顺利到达,就看老天爷愿不愿意帮她们了。

半个多小时后,随行的陆医生与护士发现沈爱琴血压偏低,氧气上不来,因为是在万里高空上。由于经验不足,随行带的氧气包不够,需赶紧想办法。

屠红燕听闻,脸色都变了,如果现在返回,无论是到上海还是杭州,都至少需要一个小时,而且还不是你想返就能返的。有空管,航线需要提前申请。这可怎么办?想来想去,只有就近迫降。她站起来,来到机长室问机长,说了母亲的情况,问他最近的迫降机场在哪里。机长说四十分钟后到日本成田机场。

"那就迫降成田机场。"屠红燕当机立断地说。

"也只能如此了,不然飞到太平洋上空,就再也没有办法回来了。"机长说。

与地面联系,也是这个意见。只是飞机上所有的人都没有签证,只有落地签。不过屠红燕相信,出于人道主义,日本应该不会拒绝迫降请求。机长向日本成田机场呼救有急救病人,请求派救护车。下午1点30分,带来的两只氧气包快用完了,屠红燕的心揪得紧紧地。

飞机终于在1点45分,降落日本成田机场。五分钟后,救护车把沈爱琴和屠志良、屠红霞、陆医生四人接上,直奔医院,其他人留下来办签证。等补办好相关手续、订好酒店,已是下午三点多了。那时候,屠红燕的脑子其实一片空白,她完全是凭着直觉在做。

下一步该怎么走?

如果要飞美国,必须要备足氧气。那么氧气瓶从哪里来?日本有规定,氧气不能带出国。另外,还有一个问题,就是屠红燕发现她们所带的医生、护士都没有高空抢救的经验,这么漫长的旅程,万一途中再发生什么事,如何应对?

一个问题接着一个问题,接踵而来,让屠红燕头痛欲裂。她深深地吸一口气,让自己紧张的情绪平静下来,当务之急,就是保证母亲的生命安全。所有的决定,就是围绕这个主题展开。

屠红燕一边去医院接母亲到酒店安顿下来,一边与各方联系。根据日本医院和美国那边对沈爱琴病情的评估,建议必须要有高空抢救经验的医生随行。

这个时候,沈爱琴和屠红燕积累的人脉关系发挥了很大作用,经过多方努力,落实了屠红燕她们过来的飞机返深圳,装氧气瓶和接上国际SOS医疗救援团队的医生、护士等事宜。等方方面面都联系好,已是晚上10点多了。机组团队也从酒店返回机场,做好起飞准备。

晚上11点15分,飞机开始缓缓滑上跑道,做起飞前的排队

等待。

屠红燕的手机响了。

"屠总,我们飞机晚上不能飞回去了。"机长焦急地说。

"为什么?"屠红燕的手机差点从手掌上滑下来,惊叫着问。

"成田机场规定,跑道到晚上 12 点关闭,刚通知就飞不了了。"

"现在不是还没有到点吗?再等等,说不定可以在 12 点之前轮到飞。"

等了半小时,飞机折回,5 分钟,就差 5 分钟时间,飞机不能出港。

完了,屠红燕欲哭无泪。

很快,她又振作精神,不能坐以待毙。美国与她预约的就诊时间已无法更改,母亲的病更不能等待,这是在跟生命赛跑。她又再次跟航空公司联系,通报这边的情况。

在等待消息的那几个小时里,屠红燕不是度日如年,而是度秒如年,她的神经高度紧张,手机被紧紧地握在手中,生怕一放下,就错过了重要的电话。通过一整夜的联系,凌晨 4 点多,航空公司正式告知屠红燕,确定另一架海航专机将于上午 9 点从深圳出发飞东京。

听到这个答复,屠红燕泪流满面,母亲有救了。

这一切,沈爱琴并不知情。因为她吸了氧,回到酒店后一直沉沉睡着。早上醒来,精气神十足,还让女儿推着轮椅到酒店外面溜了一圈,见她状态这么好,大家都很开心。

下午 4 点,另一架飞机顺利抵达成田机场。屠红燕她们早已在机场里面,惊心动魄的 24 小时过去了,她期待接下去的旅程一路平安。

经过一番交接，总算可以在飞机上坐下来了。此时，时间已是晚上 6 点 30 分。机长和机组人员做着起飞前的准备，屠红燕又急了，去问机长什么时候能飞。机长面露难色。

又过去一个小时，飞机还没起飞。

"屠总，我们这架飞机是直飞美国的，现在在日本，又要从日本直飞，需要重新改航班。按规定，必须提前三天报批，你才过 24 小时，而这个时候是美国凌晨 2 点，没有人来处理这件事。我们必须要等美国那边确认后，才能飞。看眼下情形，还不知道什么时候能飞。"副机长走过来，对屠红燕说。

屠红燕的头要炸了。

已经耽搁了一天，不能再拖了。美国的医生是提前预约好的，特别是母亲的病情，一刻都不能再耽搁了。屠红燕强迫自己冷静，再次开启"手机热线"，生命高于一切，她相信问题一定能够解决。只是她心里好怕，怕拖拖拖，又拖到半夜，飞机能飞也飞不出去，那所有计划全部被打乱不说，后果还不可预测，真是心急如焚。

等到 9 点，终于传来了好消息，飞机 9 点 30 分可以起飞。机上所有的人都松了一口气。

接下去的旅途还比较顺利，沈爱琴的精神状态也不错。经过六个多小时的飞行，飞机平安降落在美国安格雷奇国际机场。重新安检、加油后，又再次起飞。五个半小时后，飞机降落在美国罗切斯特机场。

机场外，救护车和朋友的车都一起候着。

半小时后，屠红燕陪着母亲和陆医生一起直接去梅奥，办理

住院手续。其他人被屠红燕的朋友接到上次租好的公寓里去休息。

盯着车窗外一闪而过的街景，屠红燕回忆起这过去的三十多个小时，自己一个人决策这么大的事情，从人生地不熟的日本，到平安到达目的地这中间的曲折，简直就是一个奇迹。而这个奇迹的产生，源于她心中坚定的信念，那就是去美国能医好母亲的病。还有就是来自各方朋友的帮助、关心和支持，如果没有他们，自己再有能耐，恐怕也是心有余而力不足。

感谢上苍，感谢所有的人。屠红燕在心里，默默地对自己说。

## 在痛苦中升华

救护车开进了梅奥诊所。

经过长途飞行，沈爱琴已经很累了，不过仍强打着精神撑着。屠红燕带母亲去医院候诊室梳洗、换衣服，入住病房。这是一个套间式的病房，设施很好，沙发都可以睡觉。

不知什么原因，一进入病房，沈爱琴的血压突然升高至220，心慌,心跳加快,脸变得通红。陆医生赶紧去叫美国的医生来,先用降压针,后来见这样太危险,于是送到 ICU(重症监护室)进行急救。美国的医生不准屠红燕和陆医生进去陪,两个人坚持要陪,最后对方妥协,同意他们进去。

这时,已是美国时间半夜 12 点。

又是一个不眠之夜。

沈爱琴在 ICU 待了两天两夜,屠红燕和陆医生也跟着陪了两天两夜。屠红燕整个人处于极度亢奋状态,肚子也不会饿,没睡也不觉得困,所有的注意力全在母亲身上。在这两天里,梅奥各科室的医生团队进出 ICU,对沈爱琴做各种检查和治疗,包括穿刺。CA199 指标已升到 20000 以上,不断上升的数值在无情地暗示一个事实:癌细胞已经转移。

血压终于正常了,沈爱琴被转到普通病房。医生把她的鼻饲管放到肚子上,以后营养往肚子里去,不用再通过鼻子。说实话,这鼻饲管插着是非常难受的,一般人根本受不了,可沈爱琴自从胃瘫后,那管子就如影相随,她的忍耐力非常人可比。管子换了位置后,沈爱琴就笑了,感到从未有过的轻松。

接下去就是做胃造瘘手术,这个需要全麻。

沈爱琴一听,神情有些紧张。屠红燕见母亲担心,就留下来陪夜。怕母亲没休息好,影响第二天手术,和陆医生商量后,给她服用了安眠药。

沈爱琴终于沉沉睡去,等天亮,父亲和姐姐来替换,屠红燕回酒店休息。想到这一路来母亲所受的苦,她再也忍不住了,关起门,痛痛快快地大哭了一场。

手术定在下午。

进手术室前，沈爱琴换上手术服，医生说身上的饰品不能戴。

屠志良看了看妻子手腕上的玉镯，对她说："爱琴，我把你的手镯取下来。"

沈爱琴点点头。

屠志良握住妻子的手，一阵心酸。生病前，妻子长得很胖，那镯子自从戴上后，就再也没有取下来过。没想到现在瘦得连手腕都细了，就这么轻轻一推，手镯就毫不费劲地滑了出来。想到妻子的病情，他实在控制不住自己的感情，眼圈不禁红了。

"志良，如果我好不了，我走的时候，你要把这手镯给我重新戴上。"看着空荡荡的手腕，沈爱琴对丈夫说。

屠志良的眼泪就这样滚落下来，他颤抖着声音说："你别胡思乱想，会好起来的。"

一旁的屠红霞找个借口走到门外，捂着嘴哭了半天，无法接受这残酷的事实。

三小时后，沈爱琴的胃造瘘手术成功。屠红燕到手术室门口接母亲，看到她精神状态良好，喜极而泣。一个声音在她心里反复响起，那就是"妈妈有救了，妈妈有救了"。

这一个晚上，是屠红燕和姐姐红霞陪夜，两姐妹时刻关注着母亲的各方面状态。服了安眠药后，沈爱琴一觉睡到天亮，只是奇怪的是，醒来后整个人却无精打采。检查后发现她身上的钾指标只有3.1，而正常的是3.5—5.5，于是马上补钾。

6月1日，沈爱琴进行了来美国后的第二次全麻手术——吻合口远端空肠支架放置手术。三小时后，终于放置成功。手术后，沈爱琴虽然感觉很累，但还是表现得很高兴。屠红燕也很高兴，庆幸自己选择带母亲来美国是正确的。

最初计划到美国后是要做化疗的,基于沈爱琴目前的体质,无法进行。现在唯一的希望寄托在免疫治疗上,在做之前,还需要做基因检测,只有检测成功才能进行下一步。

别无他法,只能祈祷了。

到美国后的第 10 天,沈爱琴进行了第三次手术。第 15 天,沈爱琴要面对第四次手术。连续几次全麻,在这么短的时间里,这么高的手术频率,就算是健康的人也吃不消,更不用说她那备受摧残的身体。无法想象她是怎么熬过来的,沈爱琴的坚强让身边的每个人都感到震撼。

这一天,大家接到一个好消息,沈爱琴的基因配对成功,下周就可以进行免疫治疗。

奇迹,或许真的可能发生!

被寄予厚望的免疫治疗已开始,虽然要 2—3 周后才能看出效果,但不管怎么说,总是一个希望,也是眼下唯一能用的方法。

时间在一天天过去,沈爱琴的病情没有好转,癌细胞在快速占领她的身体,可无论怎样的疼痛,她都咬着牙不吭声,这让身边的人更加心痛。

鉴于母亲的情况,屠红燕与父亲和姐姐商量后,决定回国。

屠红燕装作很轻松的样子走到母亲身边坐下,微笑着说:"妈妈,手术动得很成功,医生建议回国去休养,您看怎么样?"

沈爱琴抬起头,盯着小女儿的眼睛,开口道:"小燕子,妈的病是不是不会好了?"

屠红燕的心一慌,连忙否认:"妈妈,您又多想了,现在给您上的是免疫治疗,一个疗程需要 15 天,我们可以把免疫药带回国内使用。"

"是吗?"沈爱琴不相信似的问。

"当然了,我怎么可能骗您?"

沈爱琴不再说话,过了好久,才轻轻地点了点头说:"那回去吧!"

到了要返程离开美国的前一日,飞机和 SOS 团队也到了,开始门对门服务。下午 3 点,沈爱琴看到病房里挤满了人,讲的又是英语,根本听不懂,有点紧张。那一整天,她都不肯闭上眼睛,本来每天下午都要睡一会。到了下午 4 点,美国医生与 SOS 团队交接以后,沈爱琴突然出现房颤,血压降低,心跳升到 200 多。

屠红燕又一次听到母亲生命发出的刺耳警报声。很快,沈爱琴又被送进了 ICU,医生一边观察,一边用药。三小时后,沈爱琴的情况慢慢稳定下来,但谁也不敢保证,明天会出现什么样的状况。

屠红燕感觉到母亲的紧张情绪,握着母亲的手,安慰道:"妈妈,您不要怕,如果您感觉不舒服,我们就在美国休息几天再回国好了。"

沈爱琴听到女儿这么说,好像松了一口气,嘀咕了一句:"这还差不多。"

专机和 SOS 团队都已在机场和医院待命,屠红燕虽然答应母亲可以晚点走,但不走也不行,医生告诉她,如果心脏出现衰竭,可能就有危险,这个残酷的事实让屠红燕难以抉择,彻夜难眠。凌晨 5 点,赶到医院,看到母亲通过一晚的用药,各项指标已基本平稳下来,只是由于安眠药加了半颗的量,还未醒过来。

一个半小时后,屠红燕见母亲醒来,感觉她神清气爽,就问:"妈妈,今天可以飞吗?"

沈爱琴平静地回答："可以飞。"

返程很顺利。

经过 15 个小时的飞行,终于平安抵达杭州。

这一天,日历上已是 6 月 24 日,离沈爱琴出发去美国,刚好整整一个月。

现在看来,屠红燕在当时的每个决定都是最好的。

## 生命的礼赞

回到杭州后,沈爱琴的状态时好时坏。美国和国内的用药又不一样,需要有个调整和适应的过程。屠红燕考虑到母亲的情况越来越不好,医生也说快不行了,再不告诉她实情,万一她有什么想说的又没留下话,岂不终身遗憾?可她实在没有勇气去面对母亲,对她说出那个令人心碎的实情,只好求助于父亲了。虽然,她心里怀疑母亲可能早已知道实情。

自从沈爱琴病后,屠志良的心情没一天轻松过。相濡以沫快五十年了,她对他的爱,他心里一清二楚。她喜欢热闹,他爱清

静，但只要她高兴，他愿意事事都顺着她。她创业艰辛，他甘愿做她背后的男人，默默支持。她天生一副热心肠，特别爱管闲事，他也曾劝她少管点，闲事太多管不过来，把自己身体管好才要紧。每次她嘴上答应得好好的，可依然我行我素，不管能帮的还是没法帮的，只要找到她，她就想办法伸出援手。从来都不要人家感谢，经常是倒贴也要帮别人办事。年轻时各忙各的，他一直以为她退休了，就有时间了，趁还走得动，一起去看看外面的世界。就像上次一样，他没去过俄罗斯，她就特意陪他前往。可谁知刚轻松下来，就得了这样的病，让她受尽痛苦和折磨，老天爷对她太残忍了，是该告诉她实情了。

趁病房里没有人，沈爱琴的状态也很清醒，屠志良坐到妻子的床边，低声说出了真实的病情。

久久的沉默。

过了许久，沈爱琴抬起头，平静地说："其实我对自己的病情清楚得很，只是没想到会这么快。我不说，只不过想着能创造奇迹，我也相信奇迹，因为我本身就是一个奇迹。"

"爱琴，你？"屠志良心里也猜测妻子早已知情，她那么聪明的一个人，怎么可能会不知道？只是她没说，他也就幻想她不知道。他以为她不知道，心里会好受些。

屠红燕进来了，刚才父母的话她在外面全听到了，眼泪止不住地流下来。她上前，给母亲一个拥抱，把头伏在母亲的肩膀上抽泣。

沈爱琴抚着女儿的背，很不甘心地说："小燕子啊，看来这个病要把我们母女俩分开了。"

"妈妈。"屠红燕再也控制不住满腹的酸楚，放声大哭起来。

　　母女俩抱头痛哭，屠志良在一边不停地抹眼泪。人生最痛苦的莫过于我还来不及好好爱你，你却要永远离去。

　　可无论是沈爱琴还是屠红燕，都还不想放弃，既然西药无效，免疫治疗只做了一次还没起到作用，那就试试中医。正规的、民间的，各种偏方，以毒攻毒，期待奇迹发生。

　　沈爱琴从美国回来，再次住院后，她的身边 24 小时有人轮流陪护。除了屠红燕、屠红霞、刘海明等人之外，还安排了几位细心的"暖男"，郝鹏就是其中一位。

　　郝鹏 2000 年 7 月份来到万事利，工作多年，他对老板是又敬又爱，而沈爱琴也是把他当自己儿子一样，好的表扬，没达到要求就批评。由于郝鹏性格很好，有耐心，在沈爱琴住院期间，除了沈爱琴的女儿和干女儿们，他是陪她时间最多的。

　　夜很深了，郝鹏坐在病房里，晚上他值班。按屠红燕安排，晚上是一男二女陪护。他让两个女陪护轮流去休息，自己通宵守着。看着身上插了各种管子的老板，他心里特别难过。想起这么多年与老板的点点滴滴，百感交集。他当过她的秘书，她对工作的要求非常高。他写的稿子，她通过还不行，还得她读了，别人听了不会闹笑话。她是个行动派，以前他们最怕半夜接到她的电话，因为肯定有任务。而且她的时间是不会隔天的，今天晚上给你打的电话，明天必须要交出来，不能拖。他和他的同事听到她的脚步声就会紧张起来，但她又对身边的人很好，很关心。

　　他知道，她人虽然从董事长位子上退下来了，但心从没有退过，即使在迷糊状态，仍惦记着工作。她要求他背她去办公室，说哪些工作还没有处理好。

　　夜深了，沈爱琴又一次被痛醒了，郝鹏见她脸上全是虚汗，忙

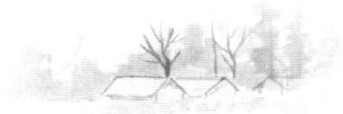

绞了一把热毛巾,轻轻给她擦汗。

"你叫护士来,给我打止痛针吧!"沈爱琴睁开眼睛,对郝鹏说。

郝鹏的眼泪唰地就下来了。这么坚强的一个人,倘若能忍,她是万万不会开这个口的。这么多年过去了,他对她从害怕到敬畏到亲近。她一向注意自己的形象,不想让别人看到现在的样子,所以留在身边照顾她的,都是她最信任、最亲近的人。他为这份信任动容,他真的愿意为她去做任何事。

身上不痛的时候,沈爱琴会跟郝鹏说:"等我好了以后,我们再去搞几个项目。"

郝鹏就顺着她的意,答应着。

她喜欢听郝鹏讲公司的事,招商的进度怎么样了,项目运作得如何了,形势怎样,等等。她听了,脸上会露出欣慰的笑容。

由于躺的时间过长,沈爱琴的颈椎也不舒服。郝鹏就买了几本按摩的书,对照着网上的视频学习怎样给病人按摩。她哪里不舒服,他就给她按摩穴位,虽然不是很准,但这份用心让沈爱琴很感动。

"郝鹏,我这里痛,你过来给我按按。"

"好,老板,我用我的东方神掌来给你按摩。"

"我非常欢迎你的东方神掌。"

说这些话的时候,她的精神尚好,有心情开玩笑。她想喝什么,就会马上告诉他,西瓜汁、橙汁,喝水喝茶,她会像孩子一样提出种种要求。身边的人都会陪着她说话,给她放音乐、越剧、相声等听。红霞和红燕两姐妹也是每天一到病房,就抱抱她,亲亲她,给她捏捏脚,尽量让她舒服些。李建华和王云飞无论工作有多忙，每天都会抽出时间去医院看望她，陪她说会话。她的痛苦，他们都替代不了，只能做一些力所能及的事了。

到了 7 月 20 日，沈爱琴出现了肾衰竭。为了让母亲减少痛苦，全家人同意放弃插管，医院也是全力以赴，把血透仪搬到病房，配四个护士和 ICU 医生 24 小时轮流陪护。

为了救治母亲，屠红燕不惜一切代价。而她们对母亲的这份孝心，也深深打动了全体医护人员，大家尽最大努力给予其最好的服务和配合。

陆医生是自始至终参与沈爱琴治疗，并陪同去美国的医生，深得沈爱琴和屠家人的信任。而沈爱琴在与疾病做斗争中所表现出来的坚强意志力，她那永不放弃的精神，乐观、积极的人生态度，给他从未有过的震撼。几个月相处下来，他与她不再是单纯的医生与患者，而是亲人。

自从他第一次走进沈爱琴的病房开始，他就处于 24 小时待命的状态，理发都不敢去理。有一次理到一半，接到陪护的电话，说沈总难受得不行。他就让理发师随便剪下，就匆匆赶回医院。有时候看沈爱琴实在太痛苦，他就安慰她，说自己晚上不回家了，留在医院。他让她晚上能熬就熬，实在熬不住就叫他，他在值班室。她就一直都不叫，咬着牙忍着。

在美国的时候，有一个晚上，胃管子堵住了，胃液溢了出来。由于语言交流不通，再加上对方是护士不是医生，不是很懂，坚持说没堵住。又是半夜，美国医生有点烦，给他打电话。他就急忙赶到医院，一检查，果然是堵住了，然后马上处理。沈爱琴还批评身边的人，说怎么半夜还给陆医生打电话，影响他休息。一个月从早陪到晚，他扮演了儿子的角色。他还从没有这样陪过一个

人,包括自己的母亲。沈爱琴只要看到他在,就会表现得很安心,非常依赖。

沈爱琴多次跟陆医生说,自从她来医院,他就没有一天休息。她的言语间充满了歉意。事实也确实如此,哪怕是周末,他都要到医院来看她。每次去,她一定要让他先吃块西瓜。在病重期间,她都想着别人,这让他既感动又心酸。

针对沈爱琴昏睡、血析检查酸中毒等症状,陆医生告诉屠红燕要提前做好预案,做好思想准备。屠红燕心里万般不情愿地接受这个事实,可又无可奈何,她试探着去问母亲想不想回家。沈爱琴没有回答她。屠红燕明白,母亲还想坚持,她还有强烈的求生欲望,在她的人生词典里,没有"放弃"这两个字。

第二天早上,屠红燕来到医院,看到母亲已经醒来,非常惊喜。

"小燕子,妈又闯过一关了。"沈爱琴微笑着对女儿说。

"太好了,妈妈,你好棒!"屠红燕开心地说。

可到了晚上,屠红燕发现母亲的意识又模糊起来,叫她也没反应,整个人已呈现出一副极疲惫的样子。

半夜,沈爱琴突然睁开眼睛,对守候在床边的屠红燕,轻轻吐出两个字:"回家。"

屠红燕紧紧握着母亲的手,含着泪点了点头。

7月29日上午,沈爱琴各项功能已进入衰竭状态,只能靠氧气维持生命,家人决定遵从母亲的心愿,回家。

进屋的时候,昏睡中的沈爱琴睁开眼睛看了一眼,又轻轻闭上。

慢慢地,沈爱琴的意识越来越差,说胡话,呼吸不好,痰上来堵在喉咙口。陆医生跟屠红燕商量,要不还是送回医院,把气管切开? 屠红燕想了想,决定放弃,她不想母亲再受切开气管的罪了。

那天,陆医生和屠红燕她们在外面商量着下一步方案,等他们进屋,一直昏睡中的沈爱琴忽又醒了。

"小燕子,你不要放弃我。"

在场所有的人眼泪都夺眶而出,屠红燕泪流满面地紧抓着母亲的手,附在她耳边说:"妈妈,您放心,我们永远不会放弃您。"

这边,一群人在忙着准备沈爱琴的后事,不能等她真的走了才手忙脚乱。这世上,除了生死,其他都是小事。

很晚了,集团办公室的灯还亮着,程翀关着门,在电脑前边写边哭。在她将走未走之际,他在准备她追悼会上的一些发言稿,心里是难抑的悲伤。

想着老板去美国动手术之前,最后一次来办公室,走的时候拉着他的手说:"小程,你来这里我从没有批评过你,我不知道对不对,这样对你好不好。"

这些天,程翀的耳边一次次回响着这句话。其实他记得,老板是批评过他的,就一次。那是他第一天来上班,身份是屠总的秘书。老板进来的时候,他正忙着给屠总整理一份材料,没有发现。老板走到他面前,他还是没注意,直到她开口问他是不是新来的,批评他没有礼貌。他就被她的气势给震慑住了。

老板生病的时候,他去医院看她。她知道他的工作很忙,就让他不要过来,让他帮屠总把公司管牢。去美国的时候,集团在李建华总裁带领下,上上下下正忙着 G20 峰会的事,约定屠总她们第一批去,有需要的时候,他再飞过去。

到了美国，老板身边的人打电话来，说老板很想他，还错把第二批过去的另一位小程当成了他。他自己也特别想去看看她，于是就提前办好了签证，想着美国那边进展顺利的话，他就作为第三批人员飞过去。结果因情况不好，没有去成，心里特别难过。当老板从美国回家，他已经开始在悄悄准备了，包括她的简历、新闻通稿等等。晚上，他把所有需要准备的稿子全部准备好。

让程翀感觉神奇的是，他认为老板的走，都是她自己安排好的。最后几个晚上，他们在屠家旁边的画室搭了个工作台，方便讨论事情。

7月31日晚上，所有人都以为她要走了，结果她看着他们，突然清醒地说："你们这帮人真笨，要抓紧时间啊，给你们的时间不多了。"

似乎在冥冥之中，她知道他们还有很多事没有安排好。比如正儿八经的班子没有搭起来。比如治丧委员会到底谁牵头？谁做主要工作负责人？来访的客人谁接待？还有一件最要紧的事，就是她的墓地还没有完全落实。

8月1日这一天，仿佛有神助一般，悬而不决的墓地解决了，追悼会具体事宜都一一落实。晚上，在画室开好会，已是十点多了，突然一阵狂风吹过，程翀的心忽一激灵，他想，老板可能今晚上真要走了。

讣告准备好了，就时间空着。程翀考虑到一个问题，就是这份讣告什么时候发出去。如果是8月2日凌晨走，讣告送到报社，报纸已经出样，当天肯定不能出来。但他又不可能在老板还没有咽下最后一口气时，就把这消息发布出去，只能等8月3日再报。最后决定还是靠自媒体，可以在第一时间发布。

时间快到午夜了，屠家灯火通明，屋里挤满了人，所有人都心情沉重地等着那一刻。

在沈爱琴要走的那瞬间，咽气那一刻，郝鹏他们还在用氧气袋帮她呼吸。似乎是错觉，也许是她真的睁开了眼睛，目光无限留恋地从她今生的至亲好友脸上扫过。她有遗言给自己的女儿女婿们，一定要团结，家和万事兴。她还有一个心愿，就是把企业办好，这是她一辈子的心血，要好好传承下去。

她实在太累了，这一生她一直在奔波的路上，对所有人付出真心。她忽略了自己，她是个完美主义者，不愿任何人看到自己无助的一面。要哭，也是躲在被子里哭。擦干眼泪，她又微笑面对现实中的风霜雪雨。她已看到那无尽黑暗的隧道深处，闪现的一丝微光。她要穿过去，尽头是一个明亮的，没有疾病和痛苦的世界。她知道，此刻身边围了太多太多的人，在陪着她走过人生最后的时刻。她是一个多么坚强的人呵，再大的困难，再多的挫折，她都不怕，她都能熬过来。她知道家人瞒着她病情，她怎么可能会不清楚呢？那撕心裂肺的疼痛，那无数次的手术，一次次在告诉她病情的严重。可她不甘心就此投降认输，这不是她的风格。她这一生创造了太多的奇迹，所以她以为这次也可以。既然奇迹没有发生，那就走吧，这一世，她的使命已经完成。再多的留恋，也留不住匆促的脚步。她承认，自己虽然交了班，可心一直牵挂着企业。那是她的另一个孩子，是她用心血一点点抚养大的孩子啊！这次，要真的放下了。纵然有太多的不舍，也只能就此放手，真正地，彻底地放下。

再见了，这个让她无限留恋的人世间。

她闭上了眼睛，咽下最后一口气，结束了自己波澜壮阔的一生。

时间定格在 2016 年 8 月 2 日 0 点 36 分,一个属于沈爱琴的时代,在众人纷飞的泪花里,缓缓落下了帷幕。

## 八月,纷飞的泪

2016 年 8 月 2 日,杭州市各大媒体上出现了一则讣告。

中国共产党党员,第九届、十届全国人大代表,全国劳动模范,全国优秀企业家,万事利集团创始人、董事局荣誉主席沈爱琴同志,因病医治无效,于 2016 年 8 月 2 日 0 时 36 分在杭州逝世,享年 71 岁。

讣告上还有遗体告别仪式的时间——8 月 5 日 9 时,地点在杭州殡仪馆天下第一殿。

这个消息震惊了社会各界所有关注和关心万事利以及沈爱琴女士的人,一个个电话,一条条信息,从四面八方涌来,又迅速扩散至全国各地。曾经在浙江工作过的党和国家领导人,全国人大常委会委员长张德江,中央书记处书记、中纪委副书记赵洪祝等,用各种方式向沈爱琴女士表示深切的哀思。

万事利的微信公众平台显示,此讣告的阅读量达到十万多。很多网友在此消息下留言,表达内心的哀伤,现选几条摘抄于此:

驾鹤西去乘祥云,天堂又可织锦绣。(赵炜)

想当年叱咤风云,一代豪杰,不让须眉。如今江山已定,后继有人,竟然升天而去。从此冠球失伴,根生无对,杭城难觅红玉。爱琴爱琴,今日瑶池抚琴,待我倾听!(万润龙上海遥祭)

尊敬的沈爱琴主席:闻悉您不幸去世,十分震惊,深感悲痛。您是我最敬重最佩服的人。我曾经作为一名军人在20世纪80年代和您企业进行军民共建,有幸见证了您把一个一无所有的乡村绸厂(笕桥绸厂)发展到一个全国乃至世界知名的企业(万事利集团),呕心沥血,倾注了一生的心血。您的为人是那么的耿直,您对企业的每一个员工都那么的和善,对我们的部队建设是那么关心,每逢重大节日都亲自来部队慰问,让我们的战士倍感亲切。您走了,是万事利的重大损失,但我相信万事利在您的影响下一定会更加辉煌!沈主席您一路走好!!!(一名曾经的军人)

哀悼!往昔历历在目,音容笑貌如旧,慈祥和蔼关切,真情言语在耳!沿您开创事业前行,未完之宏愿继续!(一个来自武汉朋友的思念)

悼念沈主席:改革春风拂江南,笕桥绸厂拔地起。四十年艰苦卓绝,万事利享誉世界。城南罗敷善蚕桑,杭北沈总爱丝绸。春蚕到死丝方尽,白云流水小菊花。(广地)

我在淳安县武警中队开巡逻艇时认识了您,您的随和、睿智、豁达,让我印象深刻,后来我也曾经来集团里看过您。您居然为了不让我等待,暂停了每天的交班会,热情地接待了我这个二十多岁的小年轻,我至今不能忘记。祝您走好,祝您的精神永存,祝

251

万事利常青！（强哥）

敬佩！她是一个传奇，是一步步实干出来的传奇。她的身上永远充满着正能量，正因为此才将万事利创办成中国第一的丝绸企业，创立了走向世界的中国最好的丝绸民族品牌。她的音容笑貌和精神永远活在我们心中！我们永远敬重她，怀念她，纪念她！她走了，我们无法相信这么充满活力，这么热爱生活，这么有创新精神，这么美丽善良的大姐居然离开我们去向天国！一定是上帝在眷顾她，不忍她痛苦。她虽然走了，但她的精神还在，希望万事利集团更加兴旺发达，蒸蒸日上，以告慰在天国保佑你们的沈主席！希望她在没有痛苦的天国安息！（何亚非、罗建萍）

……

留言太多了，每一条都渗透着浓浓的怀念与惋惜之情，读着，不禁令人动容。

这世上绝大多数的人走了，除了至亲的人伤心难过，旁人最多一声叹息。像一滴水汇入大海，寂然无声。可一代丝绸女王的不幸离开，却引爆了老杭城人集体的记忆。这个8月，早已名声在外的万事利以这"另类"的方式再次引起世人的关注。

时间很快到了8月5日，杭州殡仪馆天下第一殿门楣上方，一条黑底白字，镶黄白鲜花的横幅上写着"沉痛悼念沈爱琴女士"。左右两旁是一副嵌名长挽联：集爱意至千秋，惜一代丝皇驾鹤西去；奏琴音存万世，愿百年绮后乘风东来。

殿外摆着的长条桌上堆满了白玫瑰、白蜡烛、小白花，还有一枝枝含苞的荷，身穿素服的工作人员神情严肃地在忙碌着。

该怎样来形容这一场特殊的葬礼？

今天的我，只能通过一张张现场照片，一段段视频，来还原那时那刻的沉重与哀伤。

这一日，灵车走的是一条特别安排的路线。

早上，从沈爱琴女士笕桥的家里出发，沿着机场路，来到万事利最初的创始地——杭州笕桥绸厂的旧址。只可惜此处已被拆迁，再也没有 309 号这个门牌，只能凭着印象，让灵车缓缓停留几分钟。接着，又开到天城路 68 号——现在的万事利大厦，停下来，做短暂告别，又慢慢驶向杭州殡仪馆。

这条路，是沈爱琴女士一生事业的路径，是她大写人生的载体。让灵车这么走，有特殊的意义。

目光跟着灵车来到杭州殡仪馆。

说实话，我从没有见过如此庄严、肃穆的告别大厅，从没有见过这样的告别仪式——那么多那么多的白玫瑰，那么多那么多的白百合，那么多那么多的白绣球。所有的花圈清一色都是由白玫瑰组成，红玫瑰点缀，这哪里是让人不敢走近，充满死亡气息的殡仪馆，分明是鲜花的海洋，给人沉思与安宁。

我看到了她的遗像，在墙上，微笑着注视这个喧嚣的红尘。我想，这样的布置一定是她喜欢的，毫无俗气，只有弥漫的圣洁。让我震惊的还有密密麻麻的挽联，我一遍遍数着，却一直没有数清楚到底有多少，只看到一个个如雷贯耳的名字，从眼前闪过。

告别仪式开始了。

大厅外挤满了前来参加送行的人。男女老少，有认识的，不认识的，有这个城市的，还有专程从外地赶来的，越来越多的人潮水般涌向这里。

殿内，沈爱琴女士的先生屠志良、大女儿屠红霞、大女婿王云飞、小女儿屠红燕、小女婿李建华，以及孩子们，与各位至亲好友、

相关领导站在一起,面容悲戚。

追悼会由专程从北京赶来的中国丝绸协会会长杨永元主持,浙江省人大常委会原副主任、浙商发展研究院院长王永昌致悼词。

沈爱琴的一生,是艰苦创业、勇往直前的一生。

沈爱琴的一生,是关爱员工、服务社会的一生。

沈爱琴的一生,是春蚕吐丝、破茧成蝶的一生。

沈爱琴的一生,是以德立家、以德治家的一生。

沈爱琴的一生,是爱党爱国、坚贞不渝的一生。

盖棺定论,我看到一个人的一生被画上一个圆满的句号。

她,依然淡定地微笑,不惊不诧。大厅播放的 PPT 里,是她昔日神采奕奕的形象。

当万事利新一代掌门人屠红燕女士边哭边致答谢词,我看到一位美丽女子心灵深处那一道无法愈合的伤口,而大女儿屠红霞早已在人群中泣不成声。

母女连心,在纷飞的泪水里,是撕心裂肺的痛,是女儿生命中永远无法弥补的追悔与遗恨。

妈妈啊,您一生豁达、宽厚、仁爱,热心公益事业,引领产业发展,关心员工家属,您是当之无愧的中国民营经济改革开放浙商风云人物,中国丝绸产业功勋企业家。

妈妈啊,您一生坚强、执着、刚毅,创业时的艰辛您不喊一声苦,发展时的磨难您不喊一声怨,病床上的折磨您不喊一声痛,您是我们全家的榜样与骄傲,也是万事利的精神支柱。

妈妈啊,您一生助人为乐,一生创业不止,一生执着追求,我们希望在天堂您能真正地得到安心的休息。

妈妈啊，您永远活在我们心中，安息吧，妈妈！

说不完的思念，道不尽的眷恋，最后那一声"妈妈"，屠红燕情绪再也无法自控，泪湿衣襟。

我静静地盯着电脑上的照片和视频，反复在殿内与殿外切换。

外面，已人山人海，被围得水泄不通。挤不进来，也挤不出去。到底来了多少人，谁也说不清楚。进不来，于是就在外面的台阶上、院子里排队。

电视台记者在采访一位白发苍苍的老奶奶，问她为什么要来参加沈总的追悼会。老奶奶说，她不知道什么沈总，她只是看到沈爱琴这个名字，所以就来了。在她心里，沈爱琴是一个很能干的企业家，受人尊敬的企业家。老奶奶边说边哭了起来，她说什么是共产党员？这就是共产党员。她跟沈爱琴一句话都没说过，见都没见过，但她了解沈爱琴的事迹。今天这个场面，就能证明沈爱琴是一个真正的共产党员，是她心中的共产党员。她说，人太多，挤不进去，就在外面追悼一下，表达心意。

殿内，在工作人员的指引下，大家都有序地排起了长队，每个人手拿一枝白玫瑰，神情凝重，双眼饱含泪水。

一位头发花白的老太太难抑心中的悲痛，双手合十，跪倒在地。从红肿的眼睛和张开的嘴中，可以感受到她发自内心的伤悲。我的耳朵甚至出现了幻听，听到老太太嘶哑的哭声。

另一个镜头里，一位头戴布帽的老先生闯入我的视线，只见他站在那里，紧紧咬着嘴唇，他一定是在拼命克制内心的酸楚，怕稍一松懈，泪水就会决堤。

有仰起头，硬忍着眼泪的人。我很想问，是不是抬起头就可

以让眼泪倒回去？更多的人，是深深地鞠躬，是捂嘴抽泣，是无语哽咽。还有的人顾不上形象，无所顾忌地痛哭。

他们是谁？她们又是谁？我一直以为这样的悲伤，唯有至亲好友才会有，可在这场葬礼上我们看到了更多人性善良的一面。

一枝又一枝白玫瑰重叠在一起，如此纯粹，似乎天地间只有这洁白才配得上那一颗高尚的灵魂。而这场葬礼的主角此刻正静静地卧在鲜花丛中，身上覆盖着鲜红的中国共产党党旗。她已沉沉睡去，世间再多的风云已与她无关。

同一时刻，在这座城市的某个小区某个房间里，有白发苍苍的老人颤抖着双手，把一张报纸恭恭敬敬地竖起来放在桌上，报纸上有她的黑白照片。在报纸面前，摆着香烛和瓜果。

"老板，我实在走不动，没法去送你，只好在这里为你送行。"他抹了一把脸上的泪水，喃喃自语："你走得太早了。"

同一时刻，在某个度假避暑地，一位八十多岁的老人自 8 月 2 日那天接到女儿从杭州打来的电话，得知她不幸去世的消息，就为自己不能亲自去送她而难过。只要想到她对他几十年如一日的关心，他就老泪纵横。他一遍遍嘱咐女儿，一定要把他的心意送达到。以后，再也听不到她爽朗的笑声了，"爱琴，你走好！"老人的泪又悄悄地流了下来。

还有很多没有出现在镜头里的感人画面。

当陆医生换上便服，不以医生的身份出席她的葬礼时，他终于忍不住释放压抑许久的情感，抱住可敬的屠爸爸（她的先生），一倾男儿之泪。他曾陪同她前往美国求医，在病床前陪了整整一个月，结下了深厚的情谊。

当郝鹏、许春波、万浩元几个大男人把所有参加吊唁的领导和宾客送走，回到殿内，看着墙上她那张慈祥的面孔，终于忍不住失声痛哭。男儿有泪不轻弹，只是未到伤心处。他们是她一手培养起来的大学生，是她最器重的集团中坚力量之一。她把他们当成自己的孩子一样，在工作上严格要求，在生活上处处关心。今天她走了，他们就像失去了母亲一样难受。在沈爱琴女士病中，除亲人外，郝鹏是在医院负责照顾她时间最久的一位，几乎很少休息，他硬是靠一股劲撑着。直到这一刻，他感觉自己的力气一下子被抽干，再也撑不住了，唯有用眼泪来发泄压抑许久的情绪。许春波是个外表粗犷、内心细腻的男人，此刻，他的脑海里闪过跟在老板身边的那些点滴时光，泪流满面。万浩元含着泪静静地站在那里，他在回忆老板对他种种的好，回忆以前半夜接到老板的电话，莫名其妙地被批评一顿后，老板才发现自己打错了。他总是笑眯眯地听着，因为把她当母亲。她心情不好的时候，喜欢去他那里坐。现在，再也接不到她的电话，看不到她那熟悉的身影，泪水无声地从脸颊上滑落，滴在地上。

年轻的办公室主任程翀，想起自己亲手发的老板讣告，亲手写的追悼会上的每份讲稿，想起与老板的每一个交集，想起她慈祥的笑容，想起她喜欢拉着他的手跟他说话，她对他工作能力表示认可，他一直克制的泪水被身边这几个大男人引爆，再也顾不上形象，稀里哗啦地哭了起来。

还有更多的眼泪隐在人群背后，更多的哀伤在夜深人静时似一只只小虫子撕咬着一颗颗柔软的心。

这是人世间最真的情，最温暖的爱，与金钱名利地位无关，是心灵与心灵的高度契合与认可，是人格散发的无穷魅力。

当花瓣飘落，落英缤纷，她在烈焰中化作一缕青烟，渐渐远

去。我相信,她一定在天上看到了这一切。不信,你看墙上的她,笑得那么的欣慰与灿烂。

## 她时代的背影

沈爱琴走了。

她用自己传奇的背影,让世人再次把关注的目光投向了万事利,投向她波澜壮阔的一生。

2016 年 8 月 13 日,浙商发展研究会、万事利集团、浙商全国理事会、《浙商》杂志在杭州为沈爱琴开了一个追思会。

一位草根女企业家的离世,引起了社会各个阶层民众的痛惜和喟叹。作为中国丝绸产业功勋企业家,感动中国十大功勋企业家,获最受尊敬民营企业家终身成就奖等诸多荣誉的沈爱琴,她究竟有怎样的人格魅力,让人们去追忆、去怀念?作为优秀的浙商代表之一,沈爱琴的贡献不只是创办了万事利,为中国丝绸产业的发展奉献了一生的聪明才智,更多的还是她那种直面困境、不屈不挠、永不言弃的精神。

精神，是无价之宝。

那就让我们来听听他们眼中的沈爱琴吧，即使是零星的浪花，也能从中感受到积聚的海的能量。是时代造就了沈爱琴，也是沈爱琴造就了那个时代的自己，她，注定独一无二。

浙江省工商联原巡视员、浙商发展研究院副院长郑明治在追思会上谈了自己的几点感受。他认为，沈爱琴身上集中体现了浙商千言万语、千方百计、千山万水、千辛万苦的"四千"精神。那是靠脚步、靠骑着自行车、靠奉献，一点点做出来的。

郑明治评价沈爱琴是个具有锐意创新胆识和创业能力的企业家，做事非常有激情。爱党爱国的情怀特别强，对中国丝绸事业满怀一腔热情。更让人敬佩的是，她有兼济天下的社会责任感，包括对员工、村民、老书记的关心，她所承担的社会责任，慈善基金，等等。她身上有太多值得学习的地方，是难能可贵的领袖式企业家，值得年轻一代浙商去传承和发扬她创业的激情与精神。

"爱国敬业浙商典范，四千精神打天下""琴心剑胆巾帼标杆，一世英明传人间"。郑明治用这一副对联表达了他对浙商典范沈爱琴大姐的深切缅怀。

浙江中南建设集团董事长吴建荣回忆了与沈爱琴的交往，特别认可她的人品。在吴建荣的印象里，沈爱琴大气、直爽，跟男人一样，跟她接触不用顾忌什么，有什么讲什么。她的个性就是要把这件事情做好，就一定要做好，不管遇到多少困难，她都要想办法去克服。作为一名女企业家，很多男人做不到的事，她做到了。她接受新事物的能力特别强。她奋斗了一辈子，没享过什么福，一直在奉献，身上的优点太多了，她艰苦创业的精神确实值得我

们每个人学习。

在浙江,万事利与丝绸之路是浙江丝绸的双子星座。追思会上,丝绸之路控股集团董事长、党委书记凌兰芳回忆从20世纪80年代末开始,与沈爱琴的交往,感慨万千。

因为是同行,凌兰芳对沈爱琴最初的印象是"嗓门很大,说话很强势,但有理"。但再厉害的话,她都是笑容满面说出来,很容易让人接受。

给凌兰芳留下深刻记忆的还有谈奥运项目。那次,他和沈爱琴一起陪国家奥组委几个官员,在和平会展中心谈。当时,奥组委的条件就是不管是万事利也好,丝绸之路也好,在这些丝绸产品提供给他们之前,必须要打480万的保证金,而且这笔钱是作为对奥组委的赞助。凌兰芳觉得这个条件太苛刻,吃不消,投入与产出能否成正比,没把握。而沈爱琴却非常爽快地答应了下来,说没有问题,可以。几个大项目就这样被她拿了下来。事实证明,她的眼界、思路跟他们打的小算盘不一样。还有沈爱琴的仗义执言,她胆子很大,不怕得罪人。她说:民营企业就应该发展,发展有什么不对? 都是民营企业自己的投资自己负责,应该发展,走些弯路,犯点错误也应该宽容对待。对民营经济的发展要多扶持,而不是通过各种各样的办法打压。她胸怀宽广,希望丝绸事业后继有人,这些都让凌兰芳对沈爱琴这位大姐从心底萌发敬意。

沈爱琴去世后,凌兰芳写了一副挽联:"笕桥琴丝金丝方尽,春蚕心血三千车。"他把沈爱琴定义为春蚕与旗手。因为一条春蚕吐丝一千米刚好是三千车,春蚕到死丝方尽。她又是旗手,因为有梦想,有宏图。他说,在丝绸行业,她就是当之无愧的旗手。

她的创业和其他人不同,她是从笕桥绸厂开始,从没有原料到有
原料,有了原料求生产,有了生产求工艺进步,有了进步以后,还
要自己挑着去卖,这种精神永远值得我们学习。

杭州民生药业集团有限公司董事长、总裁、党委书记竺福江
说,沈爱琴每次碰到他,开口就问他好不好,很关心。让他印象深
刻的是,沈爱琴始终跟他讲要相信党,要相信政府。她说在中国
没有共产党是不行的。有的人说不要共产党,她说"没有共产党,
你试试看"。不要政府,没有政府支持,企业怎么行? 现在虽然有
这么多的困难,但大家要有信心,要相信政府。现在回想起来,这
是一个老共产党员、老企业家,对党、对政府的无限信任。她是个
性格非常坚毅的人,总是说"不要怕困难",困难总是有的,把它解
决掉就进步了,就成功了。

"伟大、睿智、成功",这是竺福江对沈爱琴的评价。

浙江《共产党员》杂志原总编辑吴建平在 26 年前,因为采访
沈爱琴,从此与她结下深厚的友情。

吴建平说自己这几天睡觉的时候,脑子里像放电影一样,她
说过的话,她的音容笑貌,她在病床上艰苦顽强的生命力,对他一
直是一种感染。在过去的二十六年里,无论大事小事,他在与沈
爱琴的交往中耳闻目睹,感同身受。他认为沈爱琴不仅是一代绸
王,更是一身锦绣。她真的是有坚定信仰的人,企业困难的时候,
她照样相信党和政府,企业成功的时候,她把一切功劳归功于政
府、广大的员工。

吴建平说沈爱琴身上有一种鲜明的品格特征,不断追求,永
不放弃。对人、做人有情有义。这从追悼会上那么多人自发前往
就能看出。她这一生是艰苦创业的一生、造福员工的一生、改革

创新的一生、奉献社会的一生，也是不忘初心的一生。第一代有理想、有信念、有追求、有情怀的改革家、企业家，在她的身上得到了鲜明的体现和集中的表现。她留下的不仅仅是一本中国绸王的故事，也留下了一本中国好人的故事，更留下了一笔巨大的精神财富。

新华社浙江分社原社长费强说："我想一个人开创了一个事业，这个事业比一个人的生命长得多，我也相信浙江的丝绸事业、中国的丝绸事业和浙商精神，会永远延续下去。最近我一直在思考，包括和一些领导、同志一起商量，我觉得今天我们缅怀沈爱琴同志的这种创业精神，她的理念，她的家国情怀，有更重要的现实意义。中国经济进入新常态以后，我们面临着很多考验，今年总理、总书记都非常关心民营企业的投资问题……现在很多民营企业家跟我讲面临的困难很多，我认为这种困难也是在中国经济发展过程中不可避免的。但我们和老一代的浙商创业时候面临的困难相比，没法相比……一方面我们要缅怀，另一方面我们要重新学习浙商民营企业家这种创新的精神，不屈不挠的精神，这种家国情怀。她把一个产业当作自己毕生的事业，很少，太少了！"

最后，费强动情地说："浙江的丝绸行业不能忘记沈爱琴同志。"

浙江省工业和信息化研究院院长兰建平谈了自己对沈爱琴三个"别名"的解读。

第一个名字叫沈爱宝，那是对中国的丝绸行业来讲的。兰建平说他一直在思考一个行业最终要靠什么。他后来在沈爱琴身上找到了答案。就是这种对一个行业孜孜不倦的追求，是超过科技，超过经济进步的。这是经济发展最原始的动力，也是最大的动力。讲她是沈爱宝,宝就宝在她对丝绸行业特殊的感情,是进步最大的动力。

第二个,她的名字叫沈爱魂,灵魂的"魂"。百年老店是所有企业追求的梦想,一个企业要真正成为百年老店,没有几代人的努力肯定做不到,这是客观规律,也是自然规律。对万事利来说,有一个灵魂就会一代一代传下去。

第三个名字叫沈爱妈,这个妈大爱无疆。在万事利,在笕桥,任何人遇到困难,找到她都没有一个"难"字,天底下有超过母爱的吗? 当然,这个母爱不仅给两个小棉袄,还包括所有的万事利人。有任何问题,找到这个妈,她会给你很多无私的帮助。

兰建平提了一个建议,做一尊春蚕精神的雕塑,作为一种企业精神的载体。大家看到雕塑的时候,就可以想起万事利最宝贵的东西是什么。

浙江省企业联合会常务副会长兼秘书长郑一方在 20 世纪 90 年代初就认识沈爱琴。他感叹,这么多年来,在沈爱琴的带领下,从笕桥绸厂到现在的万事利,不断追随社会的发展,追随技术的发展。一直走在不断创新的路上,而且每次创新都是引进新的设备、新的技术,包括新的商业模式……企业的发展不是靠技术,也不是靠某一个人才,它是靠一种文化,一种精神的传承……是企业非常重要的发展灵魂。浙江的民营企业家,他们在中国的改革开放过程中成功的有,失败的也有,做了一些什么,能给我们留下什么,这是非常好的历史车辙,可以留给后来人借鉴。

浙江省人民政府参事、浙商发展研究院副院长方泉尧与沈爱琴交往有 30 年了。他说沈大姐为人爽快、豪放、耿直又热心。他们要办企业,她给予了很多的帮助和指点。

1993 年,方泉尧调到民政厅,了解到沈爱琴的一些情况,她发扬中华民族优良传统,扶贫济困,关爱职工。特别重视党建工作,善于调动职工的积极性,发挥一线工人的作用,发扬主人翁精神。这位铁姑娘,为了中国丝绸事业,奉献了自己的一生。

浙江省政协原副主席、省咨询委常委副主任王玉娣认为,万事利从一个小作坊到现在变成丝绸行业的领头羊,在一些重大会议上作为民营丝绸企业,为国家增光添彩,这一切与沈爱琴这个领军人物长期以来重视品牌、重视创新、重视革新是分不开的。

在企业传承方面,王玉娣认为万事利交接成功,不仅仅在于找了个合适的接班人,更重要的是把老一代企业家的"四千"精神传承下来。精神是软文化,班子仅仅是人与人之间的交流,但能够把沈爱琴的品德、精神、理念,能够把万事利的企业文化传承下去,不是每个企业都能做到的。

王玉娣说,沈爱琴创造的精神财富,不仅是万事利的,也是浙江企业家都应该学习的。她觉得无论是民营还是其他,都应该有这种精神,因为这也是中国的。

浙江省第十二届人大常委会原副主任、浙商发展研究院院长王永昌以前在江干区工作,认识沈爱琴有近 20 年时间。对沈爱琴的过早离去,心情很沉重。

追思会上,王永昌提炼了沈爱琴身上值得大家学习的几点精神:

"第一,我们要学习传承她不忘初心,顽强拼搏创业的精神……她是女企业家当中比较杰出的一位,似乎一生都在不断创业,她的身上有用不完的劲,这种精神任何时候都不会过时,任何时候都需要我们传承。

"第二,我们要学习传承她立足行业振兴中华的情怀。她的一生都献给了丝绸,她立足丝绸行业振兴民族工业,把振兴中华民族和实现中国梦联结在一起,她对我们国家丝绸行业的发展做出了杰出的贡献。

"第三,我们要学习传承她锐意进取,开拓创新的胆识。顽强拼搏对她来说还不够,她是锐意进取,不断往前走,不断开拓创新,企业从无到有,从小到大,一步步转型过来。她有敢作敢为的胆量,这种精神和意志,在今天的时代更需要。

"第四,我们要学习、传承她爱党爱国,奉献社会的境界。她的感情真实朴素,爱党爱国表现在具体的言行当中,工作当中。她很有政治智慧,对党委政府的工作,一向积极响应和落实。对企业员工关爱,时刻牢记社会责任感,她不仅仅是个企业家,还是个社会活动家……我们要学习传承她爱党爱国、奉献社会的思想境界,大爱无疆,只要造福社会,造福他人,就会在人们身上留下崇高的形象。

"第五,我们要学习传承她的'六个不忘',追求高尚人生的品格。她的人生不仅事业成功,而且做人非常成功。做人做事是统一的,社会和家庭都是统一的,厚德载物。她的人生'六不忘',就是她这一生的行为准则,是她追求高尚人生的写照。这种品格和情怀,值得我们每个人学习……"

"乡镇企业风起云涌女中豪杰,丝绸王国五彩缤纷独领风骚。"王永昌写了两句话后,又加了一句,"事业人生功德圆满精神永存。"

这是他对沈爱琴一生的评语。

还有更多的人在采访中,用他们质朴的语言表达了对沈爱琴

265

的敬意。

杭州日报报业集团高级编辑、资深记者袁晓航与沈爱琴母女俩有着两代人的友情,由于工作的性质,他有更多的机会和改革开放初期的企业家接触。沈爱琴给他的印象是做事情大气,不鸣则已,一鸣惊人,能抓住一个个契机,深谙国家政策和趋势。

袁晓航说:"作为一名女企业家,沈爱琴的视野很开阔,她身上有一种红色的印记,对政策有独特的理解。她时刻不忘'企业家'这个身份,认真履行自己的社会责任。她是两届全国人大代表,去之前都要写议案,思考的就是怎样弘扬复兴中国丝绸,她一直有把丝绸做好的情结与情怀。她既是万事利的老板,也是万事利的大家长,亲和力很强,把员工当成孩子看,她身上有草根的特质,没有架子。

"在沈爱琴身上,贯穿着一种独特的浙商精神,万事利40周年庆典,她就坐在我边上,面露微笑,不时和我说着她对企业发展和管理的想法。其实,那时她已身染重病,但她总是把坚强和快乐展示给别人,也正因为如此,她与冯根生、鲁冠球等同时代的企业家,都建立了深厚的友情。大家风雨同舟,相互支持。浙商的'四千精神',正是这样来的。

"沈爱琴快人快语,干起事来,风风火火,绝不拖泥带水。她是企业家,同时也是一个妻子、母亲和媳妇,身上有着中国传统女性的朴实、孝顺。她是个对事业对人生,都有极致追求的人。她做的每一件事情,都是为了丝绸为了企业。企业发展要顺,和谐就是生产力。母女俩的成功交接,已经成为民营企业的经典案例。

"沈爱琴所倡导并且仍为她的传承者弘扬的人生'六不忘',

其实就是她精神内核的提炼。"袁晓航这样总结他对沈爱琴的看法。

杭州市工商局原局长徐志祥与沈爱琴的友情长达 26 年,他认为沈爱琴的成功取决于她勇于创新的精神,她这一生就是在不断开拓创新中度过。在经营企业的过程中,沈爱琴遇到了太多的困难和矛盾,倘若没有政府的支持,恐怕也早就垮掉了。但不管遇到什么样的困难,沈爱琴身上总有一股百折不挠的精神,人家不批,她就等着。今天不行,明天继续等,她有这样的耐心和决心。是个真实、有爱心,难能可贵的人。

浙江省交通投资集团公司董事长陈继松说,他这辈子只送三个人上山,父亲、岳父和沈爱琴,因为他把她当成了自己的亲姐姐。

杭州市委原副书记、杭州市民营企业领导小组组长于辉达来杭州 19 年,一直与沈爱琴有联系,不管退没退休。他印象中的沈爱琴是个有情有义、特别爱才、惜才的人,对人才的重视非常超前,在民营企业引进人才困难时期,她是不惜一切代价,引进和用好人才。还专门造了一幢人才楼,供新引进的大学生住,这是比较少见的。

杭州市委原副书记、江干区老书记吴健对沈爱琴非常了解,当年她想引进喷水织机,就是来找他商量,他当即表示支持。

吴健说,作为当年杭州市的三大女强人之一,沈爱琴是唯一留存的硕果,而且企业越办越大,其他两位都在这过程中被时代淘汰,这跟沈爱琴的胆识和能力,开拓创新、善于抓住机遇是分不开的。

浙江省原副省长章猛进是在 1998 年认识沈爱琴的,那时候,

他分管农业,沈爱琴向他介绍万事利是怎么起家的。沈爱琴给他的印象是,这位女同志确实是企业家,而不是老板。章猛进认为,企业家和老板这两者是有区别的,沈爱琴心里想的是农民、员工、周边的居民。仅凭这一点,就让他肃然起敬,发现她的与众不同。万事利是真正的农业龙头企业,为农民做了很多好事,产供销结合。让章猛进敬佩的是,沈爱琴干事业一干到底,认定了丝绸行业,就一股脑儿,专心致志,把传统企业改造为现代企业,为丝绸文化奠定了基础。

杭州市原市长孙忠焕与沈爱琴的友情,用一句话来形容,那就是"从工作关系开始的深情厚谊"。

孙忠焕说,他一直被沈爱琴的敬业精神和她的仁爱之心感动。刚办企业那会,不一定说她有多远大的梦想,其实她只有一个很朴素的念头,就是既然办企业,那就要把它办好。沈爱琴交班退休后,孙忠焕能感觉到她内心的纠结,她并没有像嘴上说的放手了。最后她走了一条文化养老的路,老有所乐,老有所养(涵养),把自己画的画,写的书法送给很多朋友,她又做了一件与众不同的事。

浙江省政协原主席李金明说,沈爱琴作为一名乡镇企业的女企业家,文化程度不高,却闯出这样一片天地,很不简单,这跟她顽强拼搏的精神是分不开的。

李金明记得有一年,沈爱琴和他一起去意大利等几个欧洲国家考察。考察的时候,人家是走马观花,但沈爱琴特别用心,把欧洲的丝绸产品都购买了一些,带回来做研究。她不仅传承了中国的丝绸产品,而且有很大的创新,吸收人家的先进工艺。退休以后,沈爱琴依然关注企业的发展,跟他一起去台湾考察,捕捉商机。每到一个地方考察，她就要去寻找丝绸企业有没有在外发展的空间。她的目光不是着眼于杭州、浙江，而是国内外市场。

沈爱琴的大孙子屠榕皓的性格跟他父母一样，不善言辞，是个很朴实的小伙子。现在公司从事跨境电商这一块工作。

说起奶奶，屠榕皓低沉着声音说："从小我就知道奶奶是个很了不起的人，她对我很好，很关心我，送我出国留学，又让我去部队锻炼，希望我能有所作为。她老人家多次表达想抱重孙的心愿，让我早点结婚，我觉得还太年轻，所以没有同意。现在奶奶走了，这段时间我一直在想自己该怎么做，才能不辜负奶奶对我的期望。"

抬起头，他把目光投向了墙上的一张全家福，奶奶正在那里朝他慈祥地笑。

再多的言语，也道不尽大家对沈爱琴的怀念和深深的哀思。为了万事利，沈爱琴奉献了自己这平凡又不平凡的一生。今天，她的背影虽已远去，但她的精神必长存人间。

# 采访手记（代后记）

从事文学创作多年，出版了近 20 本书，其中也有报告文学和企业家传记，但对我来说，《锦绣人生——沈爱琴的故事》这部作品有点特别。

特别之处在于，我要写的这位女主人公已不在人世，我无法与她面对面交流，她的人生经历只能通过旁人的口述去了解，这就注定了我所得到的素材是碎片化和浅层面的。

虽然，我采访了沈爱琴身边与她有各种交集的人，人数达到了我采访史上最高值，近 60 位。但实事求是地说，真正能派上用场的内容并不多。越是亲近的人，越有可能说不出具体的内容。或者，是有太多的话，又不知从何说起。就算是她最亲密的丈夫、最亲爱的女儿，过去的漫长岁月因日常而平淡，细水长流的爱，只有恒温，没有燃烧。太感性的回忆里，那些细节被时光湮没，只剩下总结性的评语。而交往不深的人，想从他们嘴里挖出很多"料"，无疑也是幻想。

这是我遇到的一个难题。

采访那么多人,听到的几乎是一边倒的评价,就是"老板是个好人,太好了"。

我知道,再多的赞美词也无法表达大家对沈爱琴发自内心的尊敬和爱戴,我相信那些评价的真实性。只是我多么希望能听到不同的声音,客观的、站在另外角度的评价。

当然,这很不容易。在我这个陌生人面前,对方即便有不同的观点,也会自动屏蔽。更何况,逝者为大,一切都烟消云散。我只能在一次次采访中追问,在只言片语中去收集线索。

写人物,最忌高大上、失真,让人感觉飘在半空,无法落地。我想写个真实的沈爱琴,有血有肉有温度有情怀。她不只是个成功的企业家,还是个女人,一个爱美、爱干净、有一颗悲悯心,懂得在家庭中示弱的小女人。

金无足赤,人无完人。不可否认,沈爱琴身上有非常明显的优点,她大气、聪慧、目光独到、敢作敢为,但她也有人性的弱点,有性格缺陷。我认为,这些弱点和缺陷的呈现无损她不平凡的一生。作为一名草根女企业家,她的成功既有她自身的人格魅力和才能,又有不可复制的时代因素。

沈爱琴是独一无二的。

在万事利,"老板"这两个字是特指,是沈爱琴专属的称呼。没有人会叫现任董事长屠红燕为"老板",现在不会,以后也不会。对万事利来说,沈爱琴具有不可替代的地位和一个时代的象征意义。

虽然众多被采访者并没有向我提供太多的写作素材,不同的人讲的主题几乎是重复的,比如老板的好;比如老板会关心人,她

不是只关心你,而是关心三代;比如老板重视人才;等等。但由于时间久远,除非刻骨铭心,一般记忆也就模糊了,讲不出很多具体的内容。但有一点让我很震惊,就是我在每一位被采访者脸上看到的哀伤表情。当八十多岁的老先生在我面前号啕大哭,当一个个男人哽咽着说不出话来,当女人们一次次涌出无法自抑的眼泪,我确信沈爱琴是个大写的人。

沈爱琴与我父母差不多年纪,在我的印象里,他们这一代人特别的勤俭,特别能吃苦。经历了各个运动时期的动荡与禁锢,终于迎来了改革开放的春风,见证了新中国成立后的这几十年翻天覆地的变化,所以非常珍惜现在的美好生活。从沈爱琴留下的,现在已写进万事利宪章,成为万事利人行为准绳的"人生六不忘——不忘根、不忘本、不忘善、不忘恩、不忘责、不忘情"中,可以看出她对这个国家、民族的赤子之心。

慢慢地,我在心里勾勒出了一位了不起的女性形象。

她的身材并不高大,胖乎乎的,有一张慈眉善目的脸,眼睛小而精神,说话声音中气十足,喜欢一切跟丝绸有关的东西。她是个行动派,做事干脆、利索,不喜欢拖泥带水。她有极敏锐的触角,关心政治,能从领导的讲话,各类新闻里发现商机。她的心肠很软,喜欢多管闲事,最见不得别人可怜,有求必应。她的心很大,目光超前,看得非常远。她是个有智慧的女人,有超高的情商。

我似乎还发现了她的一个秘密,那就是她做的所有事情,都指向一个终极目的——有利于企业。她是个为企业而生的人,即使在她走之前,也尽最大努力替女儿、女婿扫平前进道路上的障碍。她选择离开的时间,她走之后的哀荣,回过头来看,你会惊讶地发现,这是她为万事利做出的最后贡献。

可以肯定,当她把万事利的权杖交到女儿、女婿手上时,内心的失落。对一个视企业为生命的人来说,失去了关注点,她会有一种失去存在价值的错觉。而这样的痛苦、纠结又不能流露出来,只能闷在心里,世人只看到她脸上的笑容,却忽略了她真实的感受,那是一种无法用语言来描述的"失重感"。她是母亲,心疼把这么重的担子压到小女儿的肩膀上,因为她清楚要办好企业有多苦多累。她是创始人,深知商海险恶,女儿毕竟年轻,没经历过多少挫折和风雨,万事利这艘大船在接班人手上能否破浪前进,再创佳绩,代代传承? 她就这样日夜担忧、牵挂,看起来已放手,却又从未真正放下。

沈爱琴注定是孤独的。

她向世人展现了自己阳光、积极、乐观、无所畏惧的一面,隐藏了内心的忧虑及年华老去的无奈。

这是她最难以接受的。好强了一辈子,不信命、不认输、再苦再累再难,她都能咬着牙坚持,熬过去,走出一片新天地。可最终,历史的规律、自然的规律,让她不得不面对现实,面对疾病和死亡。她明白,谁也逃不脱这个规律,除了接受,别无他法。

这不是沈爱琴一个人的悲怆,而是所有人共同的命运结果。

属于沈爱琴的那个时代已经落幕,现在的万事利在屠红燕董事长和李建华总裁的带领下,走在一条越来越宽,多元化纵向发展的道路上,创造一个个新的辉煌,相信在天堂的沈爱琴一定会非常欣慰。而我也在采访与书写她的过程中,学到了很多宝贵的人生经验,感受到了她的意志力与面对困难和挫折时的勇气,我看到了一个坚韧的生命所散发出来的人性光芒。

这是我的收获，千金难买。

最后，我要感谢万事利集团屠红燕董事长和李建华总裁，杭州文化商城有限公司副董事长屠红霞和杭州万事利生物科技有限公司董事长王云飞对我的充分信任。在你们身上，我已深深感受到一位伟大的女企业家，一位了不起的母亲身上最优秀的品质，已得到最好的传承和发扬。你们对母亲的爱，令人动容。翻阅屠红燕董事长记录救治母亲过程的《病中日记》，满纸的骨肉亲情，不惜一切代价想挽留母亲生命的决心，抛开一切侍奉在病床前的孝顺，并不是每个子女都能够做到的。感谢屠爸爸这位善良、可爱的老人家，祝福他健康长寿。

我还要感谢所有接受我采访的人，由于篇幅有限，遗憾很多人的名字没有在书中出现，但从你们的只言片语里，我已读懂那份隐藏于心的真诚与怀念。另外，本书部分素材参考了《中国绸王——沈爱琴传奇》（浙江人民出版社 2012 年版）和《风光无限——浙商沈爱琴传奇》（浙江人民出版社 2005 年版）两本书，一并感谢！

谢谢你们，从去年的冬季走向今年的春天，我在写作过程中，心灵得到一次次洗涤。我还收获了珍贵的友情，那些萍水相逢却又能彼此信任的朋友，让我如此欣喜。

感恩人世间所有美好的相遇！

天　涯

2017 年 5 月 21 日定稿于杭州